LA
DIVINE COMÉDIE

DE

DANTE ALIGHIERI,

ENFER.

TRADUCTION NOUVELLE EN VERS LIBRES,

PAR A. LE DREUILLE.

Ornée d'un portrait par Alph. Dulong.

—◦◦◦—

Paris.

CHEZ L'AUTEUR,

RUE DE BAGNEUX, 7, FAUBOURG SAINT-GERMAIN,

Et chez les principaux libraires de Paris et de l'étranger.

—

1837.

LA
DIVINE COMÉDIE

DE

DANTE ALIGHIERI.

PÀRIS. — IMPRIMERIE ET FONDERIE DE FÀIN,
Rue Racine , place de l'Odéon.

LA
DIVINE COMÉDIE

DE

DANTE ALIGHIERI.

ENFER.

TRADUCTION NOUVELLE EN VERS LIBRES,

PAR A. LE DREUILLE.

Ornée d'un portrait par Alph. Dulong.

———————

Paris,

CHEZ L'AUTEUR,

RUE DE BAGNEUX, 7, FAUBOURG SAINT-GERMAIN,

Et chez les principaux libraires de Paris et de l'étranger.

1837.

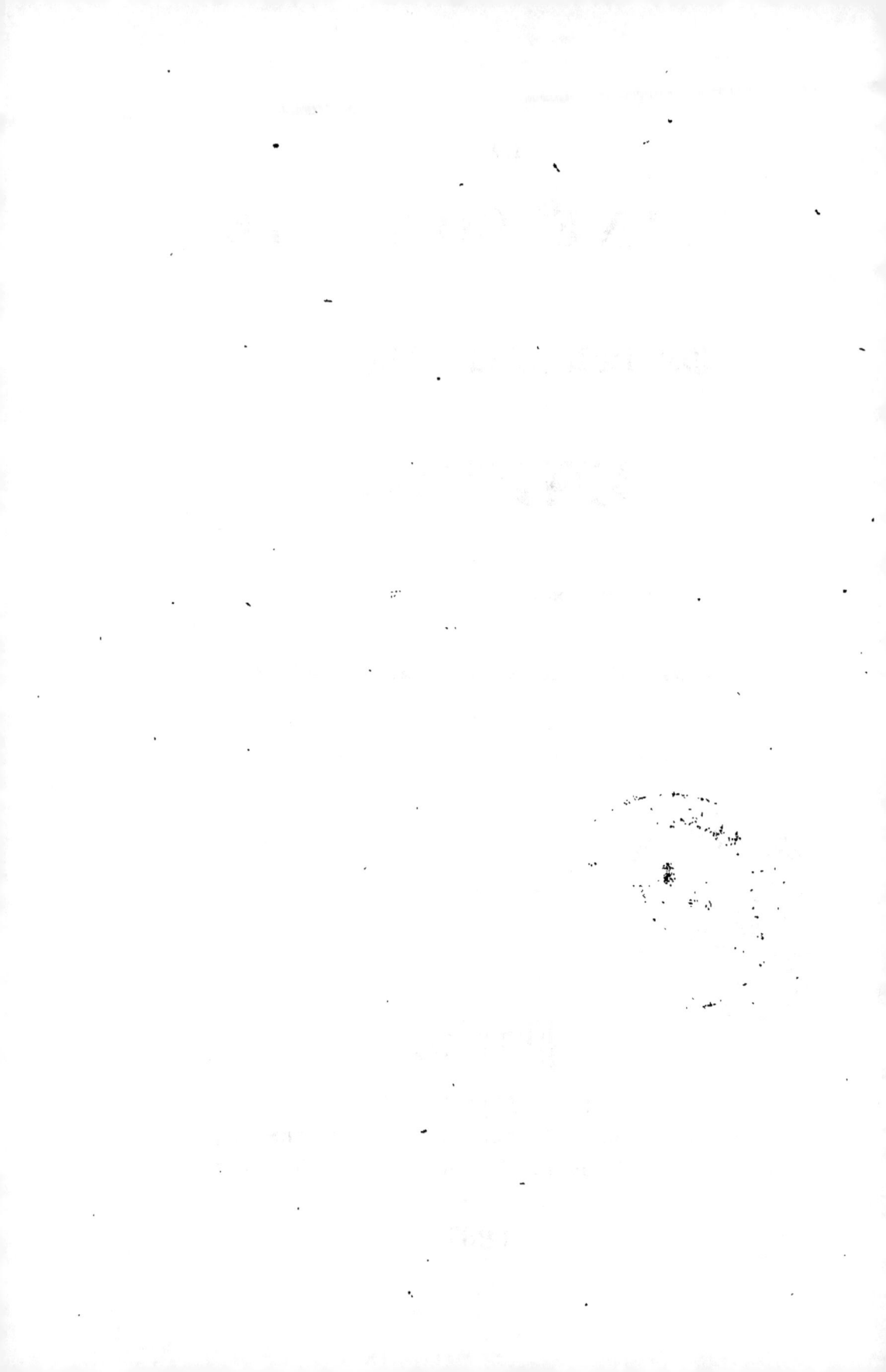

DANTE naquit à Florence en 1265 , du noble Alighiero Degli Alighieri et de Dona Bella. Orphelin de bonne heure, il fut confié au savant poëte Brunetto Latini. Il se fit remarquer par son courage et son sang-froid dans plusieurs batailles qu'il gagna avec les Guelfes contre les Gibelins. Dès l'âge de neuf ans il avait aimé la fille de Folio Portinari, qu'il a rendue si poétiquement célèbre ; après la mort de Béatrix, il épousa madonna Gemma Donati, dont il eut cinq garçons et une fille ; mais rien ne put le consoler d'avoir perdu l'amie de son enfance. Il espéra au moins se distraire en appliquant son génie à la pacification de Florence, dont il devint l'un des six Prieurs. Il réussit à faire prononcer une sentence d'exil contre les chefs des deux partis ; mais cette sentence, partialement exécutée, ne servit qu'à le faire accuser par les Noirs d'être favorable aux Blancs. Aussi, dès que ceux-là l'eurent emporté, par le secours de Charles de Valois et des Guelfes, ils le condamnèrent à deux années d'exil, à une amende de 8,000 livres , à la confiscation de ses biens s'il ne payait pas cette somme, et enfin, le 10 mars 1302, à être brûlé vif. Depuis ce temps, lui, qui avait été Prieur et plusieurs fois ambassadeur de la république florentine, ne rentra jamais à Florence, si ce n'est peut-être en 1504 avec les Blancs, qui se précipitèrent dans la ville à l'improviste, mais qui ne purent s'y maintenir. On retrouve l'exilé à Vérone, à Padoue, dans la Lunigiane, à Paris, à Gubbio, à Udine, dans le Frioul, aux environs de Trente et à Ravenne, auprès de Guido-Novello da Polenta. C'est à la cour de ce magnifique protecteur des arts qu'il connut Francesca, dont il a peint avec tant de naïveté les amours et les malheurs. C'est là qu'il mourut en 1321, le jour de la Sainte-Croix de septembre, à l'âge de cinquante-six ans.

Il a laissé des *Canzones*, des *Sonnets*, la *Vita-Nuova*, histoire en prose de son amour avec Béatrix; le *Convivio*, commentaire incomplet; des *églogues*, des *lettres*, des *vers héroïques*, une *Allégorie sur Virgile*; deux Traités écrits en latin, l'un sur la *Monarchie*, l'autre inachevé sur l'*Éloquence vulgaire*; des traductions italiennes du *Pater*, des *Psaumes pénitentiaux*, et du *Symbole*, enfin la *Divine Comédie*. Ce dernier ouvrage, unique dans son genre, eut un immense succès, du vivant même de l'auteur, auquel il valut d'irréconciliables haines et une gloire immortelle; c'est l'œuvre de sa vie, le miroir de son siècle, et la véritable épopée du moyen âge. Les Italiens admirent Dante comme le fondateur de leur littérature et le créateur de leur langue.

VUE GÉNÉRALE DE L'ENFER.

L'Enfer a dix grandes parties : un vestibule et neuf cercles. Ils vont tous en diminuant de grandeur jusqu'au centre de la terre, ainsi que dans un cône renversé.

Entre la porte et l'Achéron est le vestibule de l'Enfer, où sont aiguillonnées les âmes sans vices et sans vertus.

Le premier cercle ou Limbes, renferme les ombres vertueuses qui n'ont pas reçu le baptème ;

Le deuxième cercle est le séjour des luxurieux ;

Le troisième cercle, des gourmands ;

Le quatrième cercle, des prodigues et des avares ;

Le cinquième cercle, des âmes qu'emporta la colère ;

Le sixième cercle, des matérialistes ;

Le septième cercle se subdivise en trois girons qui contiennent les différentes sortes de violences, contre le prochain, contre soi-même et contre Dieu ;

Le huitième cercle se subdivise en dix fossés, dans lesquels sont punies les âmes coupables de fraude ou d'abus de confiance ;

Le neuvième et dernier se subdivise encore en quatre sphères, dans lesquelles souffrent les traîtres envers leurs proches, la patrie, leurs hôtes et Dieu.

ENFER.

CHANT PREMIER.

Dante, perdu dans une forêt obscure, veut, pour s'échapper, gravir une belle colline; mais trois bêtes féroces lui barrent le passage. Alors se présente l'ombre de Virgile qui promet au poëte de le faire sortir par les lieux éternels : il lui montrera l'Enfer et le Purgatoire ; mais Béatrix le guidera dans le Paradis. — Dante consent à ce voyage. — Ils partent.

Vers le milieu du cours de notre vie
Au fond d'un bois obscur je me retrouve enfin ,
   Et j'ai perdu le droit chemin.
Forêt âpre , sauvage, et d'obstacles remplie.
   Quel tableau pénible à tracer !
   Maintenant rien que d'y penser
   Toute ma peur se renouvelle ,
   La mort à peine est plus cruelle.

J'y trouvai cependant un bien ; mais je dirai
   Ce que d'abord j'y rencontrai.
  J'étais entré dans ce lieu redoutable,
   Je ne saurais dire comment,
   Tant je dormais profondément,
Lorsque j'abandonnai la route véritable.
Sur les confins du val qui m'a rempli d'effroi,
  Me retrouvant au pied d'une colline,
   Je lève les yeux, et je voi
Ses hauteurs que revêt la lumière divine
Du bel astre, flambeau des sentiers d'ici-bas,
Qui partout guide l'homme et ne l'égare pas.
La peur que cette nuit tristement écoulée,
Dans le lac de mon cœur avait amoncelée,
  S'apaise, et moi tout défaillant encor
Je regarde en arrière et revois la vallée
Où l'on n'entra jamais sans y trouver la mort.
Ainsi le naufragé, haletant, de la rive
   Sur laquelle enfin il arrive,
   Tourné vers l'orageuse mer,
   Regarde... Par le mont désert,
   Après un repos salutaire,
   Je m'achemine d'un tel pas
Que le pied qui s'arrête est toujours le plus bas.
A peine je montais, voilà qu'une panthère,
   Aux nœuds variés et brillants,
  En bonds légers, en rapides élans,
   Va, vient, circule, se replie,
Sans cesse devant moi partout se multiplie ;
Plusieurs fois je m'apprête à rebrousser chemin ;
  Mais le soleil perçant les sombres voiles,
Montait accompagné de ces mêmes étoiles

Qui l'entouraient, lorsque l'amour divin
Donna le mouvement à son œuvre si belle.
La fraîcheur du matin et la saison nouvelle
    Font en mon cœur naître l'espoir
    De prendre la peau ravissante ;
  Mais, ô terreur ! spectacle horrible à voir !
Un lion, qu'aiguillonne une faim dévorante,
    La tête haute, fond sur moi,
    L'air qu'il fend frémit d'épouvante.
Puis, tout mon corps s'affaisse alourdi par l'effroi,
Une louve suit, maigre, avide, insatiable :
Que de peuples déjà la bête impitoyable
    A fait vivre dans le malheur !
Je perdis tout espoir de gravir la hauteur.
    Comme l'avare qui se trouve
    Heureux de toujours acquérir,
Pleure s'il vient à perdre, et n'a plus qu'à mourir ;
Ainsi me désolait l'infatigable louve,
Qui sur moi pas à pas venant, me rejetait
    Aux lieux où le soleil se tait.
Je tombais abîmé dans la gorge déserte,
Quand une forme humaine à mes yeux s'est offerte :
    Les accents rauques de sa voix
    D'un long silence attestent l'habitude.

Homme vivant, criai-je, ombre, ou qui que tu sois,
Daigne me secourir en cette solitude.

« Ombre, répondit-il ; je fus homme autrefois,
    Et mes parents vivaient en Lombardie :
Tous deux près de Mantoue ils reçurent la vie.
Né sous César, avant ses suprêmes grandeurs,
Dans Rome encor livrée aux Dieux faux et menteurs,

Je vécus sous le bon Auguste :
Je fus poëte, et je chantai ce juste,
Qui, fuyant d'Ilion les décombres fumants,
Avec Anchise vint de la superbe Troie.
Mais de ce mont si beau, d'où coule toute joie,
Pourquoi redescends-tu dans ce lieu de tourments ? »

Es-tu Virgile, es-tu la source d'éloquence
D'où se répand un fleuve immense ?
(Je parlais, et mon front se couvrait de rougeur.)
Des poëtes, ô toi ! la lumière et l'honneur,
O maître que j'écoute ! ô poëte que j'aime !
Combien de fois j'ai lu, médité ton poëme !
Le style qui m'honore, à toi seul je le dois ;
Virgile, ô mon maître ! tu vois
La louve que je fuis, qui glace mon courage,
Protége-moi contre elle, illustre sage.

Voyant des pleurs mouiller mes yeux :

« Il te faut, pour sortir de ces sauvages lieux,
Prendre un autre chemin, dit-il ; quiconque essaie
De poursuivre, malgré la bête qui t'effraie,
Meurt sous sa dent : le naturel
De cette louve est méchant et cruel :
Rien n'assouvit jamais la faim qui la dévore,
Manger l'affame plus encore.
Avec mille animaux elle s'accouplera,
Et leur nombre s'augmentera.
Mais un lévrier va paraître,
Qui de deuil la fera mourir.
Ni terre ni métal ne peuvent le repaître,

Sagesse, amour, vertu sauront seuls le nourrir,
    Entre Feltre et Feltre il doit naître.
Il rendra d'heureux jours trop longtemps inconnus
    A l'italienne famille
Pour laquelle sont morts et la vierge Camille,
Et le bel Euryale, et Nisus, et Turnus.
Et le monstre hideux, que la première envie
    Sur terre, hélas! avait lâché,
Traqué par lui, chassé des plaines de la vie,
Rentrera dans l'Enfer à sa chaîne attaché.
    Viens maintenant, car ton bien me décide;
    Suis-moi, je veux être ton guide,
Nous sortirons d'ici par les lieux éternels :
Ton oreille entendra le désespoir qui crie,
Tu verras les douleurs des anciens criminels,
Qui tous veulent la fin de leur seconde vie.
Plus loin tu trouveras des morts qui dans les feux
    Vivent contents; car chacun d'eux espère
Arriver quelque jour parmi les bienheureux.
Si tu veux t'élever où la vertu prospère,
Une autre âme plus digne, hélas! te conduira,
A ses soins en partant ma main te laissera.
Parce que je vécus rebelle à sa loi sainte,
Dieu défend que je guide en la céleste enceinte.
    Partout maître, au ciel il est roi;
Là sont du grand monarque et le trône et la ville,
    Heureux les élus de sa foi! »

    Et moi :
        Je t'en prie, ô Virgile !
Par le vrai Dieu que tu ne connus pas,
Sauve-moi de ces maux et de plus grands combats :

1.

La route que tu dis, faisons-la tout entière,
Et que je puisse voir la porte de Saint-Pierre.
Mais descendons d'abord jusqu'au fond de ce puits
Que tu me peins si triste.....
           Il marche et je le suis.

CHANT II.

Dante s'effraie à l'aspect du périlleux voyage ; mais Virgile lui fait connaître que trois femmes célestes le protégent. — Dante se rassure, et les deux poëtes se mettent en route.

Le jour tombe, la brune arrête
Des mortels fatigués les pénibles travaux :
   Moi seul cependant je m'apprête
   A braver les périls nouveaux
De la pitié, de l'étrange voyage
Dont mes récits seront une fidèle image.
Ame qui te souviens de tout ce que j'ai vu,
Que ta sincérité prouve ici ta noblesse.
Muses, génie, aidez, soutenez ma faiblesse.

Poëte, dis-je alors, me crois-tu donc pourvu
D'un courage assez grand pour ma haute entreprise ?
En ces rudes chemins puis-je suivre tes pas ?
   Tu nous dis que le fils d'Anchise

Descendit chez les morts même avant son trépas,
Quiconque réfléchit ne s'en étonne pas;
L'ennemi de tout mal, en faveur de sa race,
Put au pieux Énée accorder cette grâce :
Il était, par le choix du maître des humains,
Le fondateur de Rome et celui des Romains;
Mais Rome, qui plus tard soumit la terre entière,
    S'éleva dans le même lieu
Où s'assied aujourd'hui le successeur de Pierre;
      Tels étaient les desseins de Dieu;
      Voilà pourquoi dans le voyage,
      Dont tu retraces le tableau,
Plus d'un événement à ton héros présage
Et sa propre victoire et le papal manteau.
Vase d'élection, au céleste rivage
    Paul fut ravi, pour affermir la foi
      Qui sauve du dernier naufrage;
Mais pour qu'en ma faveur Dieu suspende sa loi,
    Énée ou Paul revivent-ils en moi ?
    D'un tel bienfait qui peut me juger digne ?
    Personne. Ce que j'entreprends
Ne semblera-t-il pas une folie insigne ?
Mon langage est obscur; mais, sage, tu comprends?
Tel l'homme à l'examen soumettant sa pensée
La laisse, quoiqu'il l'eût vivement embrassée;
Tel moi réfléchissant sur le sombre coteau
J'abandonne un projet d'abord trouvé si beau!

« Si je t'ai bien compris, dit l'ombre magnanime,
Une vile frayeur te rend pusillanime;
    L'homme qui l'accueille en son sein
Souvent n'ose poursuivre un généreux dessein,

Pareil à l'animal qu'arrête une ombre vaine.
Mais pour te rassurer apprends ce qui m'amène,
Sache qui m'inspira pour toi tant d'intérêt :
Aux Limbes, où j'attends l'irrévocable arrêt,
On me nomme : une femme et si douce et si belle,
Que je la suppliai de compter sur mon zèle!
   L'astre brille moins que ses yeux,
  Elle me dit, suave, bonne, affable,
Avec la voix d'un ange et la langue des cieux :

    « O Virgile! âme secourable,
   » Dont le nom aux terrestres lieux
» Est grand comme le monde, et comme lui durable :
  » Mon bien-aimé, qui ne l'est pas du sort,
» Ne sait que devenir sur la côte déserte :
» La peur l'a refoulé vers le bois dont il sort,
   » Et s'il y rentre, c'est sa perte.
» Et même, quand je songe aux célestes discours,
» Je tremble de venir trop tard à son secours.
   » Va le trouver : que ta parole
» (Oh ! ne néglige rien), le sauve et me console.
» Mon nom est Béatrix ; au séjour du bonheur
» D'où mon amour m'a fait descendre, je remonte ;
   » Admise devant mon Seigneur,
» De tes bontés pour moi souvent je rendrai compte. »

O puissante immortelle ! ai-je alors répondu,
Sous les cieux dont le cercle est le moins étendu,
  L'homme à tes soins doit sa prééminence,
Ton ordre qui me plaît, l'eussé-je exécuté,
Je me croirais trop lent, je sais ta volonté ;
Mais de ce vaste ciel où ton désir s'élance,
Dis, comment n'as-tu pas, car cela me confond,

CHANT III.

Inscription de la porte infernale. — Rencontre des âmes qui vé-
curent sans vices et sans vertus. — l'Achéron. — Caron re-
fuse de recevoir le poëte vivant dans sa barque ; mais il cède
à l'ordre de Dieu que lui transmet Virgile. — Passage du
fleuve.

PAR MOI L'ON VA DANS LA CITÉ MAUDITE ,
PAR MOI L'ON VA DANS L'ÉTERNEL MALHEUR ,
PAR MOI L'ON VA CHEZ LA RACE PROSCRITE.
UNE HAUTE JUSTICE INSPIRA MON AUTEUR :
OUVRAGE QU'ACCOMPLIT LA DIVINE PUISSANCE ,
LA SUPRÊME SAGESSE ET LE PREMIER AMOUR ,
L'ÉTERNEL SEUL ÉTAIT A MA NAISSANCE :
JE N'AURAI PAS DE DERNIER JOUR.
VOUS QUI ¹ ENTREZ , LAISSEZ TOUTE ESPÉRANCE.

Ces vers se détachaient obscurs ,
Écrits au-dessus d'une porte ,

¹ Je n'ai pu éviter l'*hiatus* sans altérer le sens du poëte : ce
n'est pas révolte contre la moins importante des règles prosodi-
ques, mais impossibilité de la suivre.

Et je dis :

        Maître , oh ! que ces mots sont durs !
Et lui sans s'émouvoir me répond :

                  « Il importe
Que nous soyons confiants et hardis :
Nous sommes arrivés aux lieux que je t'ai dits ,
Où tu verras en proie aux coups de la vengeance
Ceux qui n'ont plus le bien de toute intelligence. »

Alors m'affermissant, mon guide, l'air joyeux ,
M'introduit par la main dans ces étranges lieux.
Là , soupirs , plaintes , cris et hurlements funèbres ,
Frappent les airs chargés d'éternelles ténèbres ;
Je me prends à pleurer. Frénétiques accents ,
Paroles de douleur , effroyables querelles ,
Idiômes divers , sons rauques et perçants ,
Et claquements de mains qui se tapent entre elles ,
En tournoyant toujours font un fracas affreux
      Dans l'air à jamais ténébreux.
Ainsi par un grand vent le sable tourbillonne.
      Et moi, que l'erreur environne,
Je dis :

        Quels bruits , ô maître ! ai-je entendus ?
Quels sont donc les esprits que tant de peine accable ?

« Tel est , me répond-il , le destin misérable
  Des réprouvés, qui dans leurs jours perdus
  N'ont mérité ni blâmes ni louanges :
    Ils souffrent ici confondus
    Avec le chœur neutre des anges ,
Qui ne se déclarant ni pour ni contre Dieu ,
Égoïstes , ont pris lâchement un milieu.
Craignant de voir par eux obscurcir sa victoire,

                  2

Le ciel les a chassés de ses splendeurs ,
Et l'Enfer devant eux ferma ses profondeurs ,
Car il n'en peut tirer lui-même aucune gloire. »

Mais pour se plaindre ainsi, qui les fait tant souffrir ?

« Ces malheureux, dit-il, n'espèrent pas mourir ,
Et si sombre est leur nuit, si honteuse leur vie,
Que tout autre destin excite leur envie !
Dans le monde leur nom n'a pu se conserver ,
Et Dieu ne daigne pas les perdre ou les sauver.
Cessons de parler d'eux , regarde-les et passe. »

  Je vis alors un étendard
 Tourner , courir , emporté dans l'espace ,
Il semblait ne pouvoir se fixer nulle part!
Une foule suivait et serrée et profonde :
Je n'aurais jamais cru la mort aussi féconde.
Je distinguai bientôt dans ce nombre confus
L'ombre du vil mortel qui fit le grand refus.
  Ah ! c'étaient bien ces misérables
(En les examinant j'en restai convaincu).
Aux ennemis de Dieu comme à Dieu méprisables,
  Désœuvrés qui n'ont pas vécu.
Ils sont nus : des frélons, des guêpes les harcèlent :
  De leurs visages entr'ouverts
Sang et larmes à flots jusqu'à leurs pieds ruissèlent
  Où les recueillent d'affreux vers.
Mon regard au delà vit une multitude
Près d'un grand fleuve :

     O maître! explique-moi ,
Car dans ce jour douteux à peine je les voi,
Quels sont tous ces esprits , et par quelle habitude

Semblent-ils désirer si fort
    De passer vite à l'autre bord ?

« Quand nous serons auprès de la triste rivière,
Tu comprendras, dit-il. »
                    L'œil baissé, tout honteux,
N'osant l'importuner par une autre prière,
Au bord de l'Achéron nous arrivons tous deux.
Sur sa barque voilà qu'approchant du rivage,
Un vieux nocher au poil blanchi par son grand âge
Criait :
                —Malheur à vous, méchants, n'espérez plus
De voir jamais les lieux où vivent les élus.
Je viens pour vous plonger dans la nuit éternelle :
Passez sur l'autre rive, on y brûle, on y gèle. —

Puis m'ayant aperçu :
                — Vivant, quitte ces morts. —

    Me voyant rester, il ajoute :

— La plage que tu veux, comme par d'autres ports
    On y va par une autre route :
Là tu pourras passer le fleuve, non ici ;
Il faut, pour te porter, une nef plus légère. —

« Ne t'inquiète pas, et cesse ta colère,
    O Caron ! on le veut ainsi
Où l'on peut ce qu'on veut, lui répliqua le sage,
    N'en demande pas davantage. »

    Le nocher du marais fangeux,
A la laineuse joue, à l'œil bordé de feux,
S'apaise : les pêcheurs, ombres lasses et nues,
    Plus pâles encor devenues,

A cet ordre grincent des dents,
Et poursuivent de leurs blasphêmes   [mêmes
Dieu, parents, hommes, lieu, temps, leurs enfants eux-
Et les fils de leurs fils et tous leurs descendants.
    Puis cette foule désolée
  Pousse des cris, fuit assemblée
  Au bord du fleuve, et dans ce triste lieu
Où descendent tous ceux qui ne craignent pas Dieu.
    Le démon de ses yeux de flammes
    Appelle, unit toutes ces âmes.
    Que l'une s'attarde, Caron
    La presse à grands coups d'aviron.
    Les feuilles d'automne à la terre
S'en vont l'une après l'autre, et jusqu'à la dernière
    Tombent du rameau dépouillé;
  Des fils d'Adam tout le peuple souillé
L'un après l'autre ainsi du bord se précipite.
    Ils obéissent au signal
Comme l'oiseau docile à l'appeau qui l'invite,
    Et passent le fleuve infernal.
Et cette foule encor n'est pas à l'autre rive
    Qu'une autre multitude arrive.

« Mon fils, dit le bon maître, ici de tout pays
Viennent ceux qui de Dieu meurent les ennemis.
Tous de traverser vite ont le besoin étrange,
Car le juge éternel presse leurs rangs confus,
    Et leur crainte en désir se change;
  Les bons jamais ne passent cette fange:
De Caron maintenant tu conçois les refus. »

    Il avait dit : une secousse affreuse
Ébranla jusqu'au fond la plage ténébreuse;

(J'éprouve encor l'effroi que mon cœur éprouva).
　Puis de la terre un grand vent s'éleva :
Son souffle, parcourant la plaintive étendue ,
Fit au sein de la nuit luire un sillon vermeil ,
Et , ne sentant plus rien dans mon âme éperdue ,
Je tombai... comme un homme accablé de sommeil.

CHANT IV.

Premier cercle où sont les Limbes , séjour des ombres vertueuses
qui n'ont pas reçu le baptême. — Un peuple de guerriers et
de poëtes illustres , de savants et de sages fameux , habitent
de riantes prairies et de tranquilles bocages.

Arraché du sommeil par un coup de tonnerre,
    Je sens ce brusque soubresaut
Que sent l'homme endormi qu'on réveille en sursaut.
Je me lève soudain ; un repos salutaire
A rafraîchi mes yeux. Je regarde empressé,
Pour savoir en quel lieu je me trouve placé.
J'étais au bord du gouffre où tonnent réunies
    Lamentations infinies ;
   Abîme obscur, nébuleux et profond !
Mes regards vainement plongent jusques au fond ;
Je ne distingue rien au milieu des ténèbres.

« Descendons maintenant dans les cercles funèbres,
  Dit le poëte en changeant de couleur,
  Tu me suivras. »

                        Moi, voyant sa pâleur :

Sur tes traces comment veux-tu que je m'engage,
Alors que toi, qui seul affermis mon courage,
Tu trembles ?
                    Il répond :
                                « La pâleur que tu vois
Ne vient pas d'épouvante, ainsi que tu le crois.
      Non, c'est de pitié pour les ombres
      Qui souffrent tant dans ces demeures sombres.
      Mais la route est bien longue, entrons. »

Et m'attirant à lui, tous deux nous pénétrons
      Dans le premier cercle du gouffre.
J'écoute, l'air frémit et semble retentir,
Non pas de plaintes, mais d'un immense soupir,
Effet de la douleur sans martyre que souffre
Une foule innombrable hommes, femmes, enfants,

      « Ces esprits, me dit le bon maître,
Tu ne demandes pas, mon fils, à les connaître ?
      Avant d'aller plus loin, apprends
Qu'ils ne péchèrent point : aux uns la vertu même
      Ne suffit pas sans le baptême,
      Porte de la foi des chrétiens ;
D'autres nés quand le Christ n'existait point encore
N'adorèrent pas Dieu comme il faut qu'on l'adore :
      A ces derniers moi-même j'appartiens.
Voilà nos seuls défauts, voici notre souffrance :
Conservant le désir, nous perdons l'espérance. »

La douleur à ces mots me saisit, je comprends
Aux Limbes quels esprits demeurent en suspens,
Et je dis, car je veux une foi sans limite :

Vit-on jamais quelque âme, ô mon maître et seigneur !
Par le secours d'un autre ou son propre mérite,
Des Limbes s'élever au séjour du bonheur?

Le poëte lisant dans le fond de mon cœur
    Me répond :

             « Aux lieux que j'habite
Je venais d'arriver, quand un être puissant
M'apparaît couronné d'un signe de victoire,
Délivre, emmène au sein de l'éternelle gloire
    L'homme de qui le genre humain descend,
      Abel son fils, Noé, Moïse
      Législateur obéissant,
Le patriarche à qui la grâce fut promise,
      David roi-prophète, Israël
    Avec son père et ses fils et Rachel
Qu'il aima d'une ardeur si longtemps éprouvée,
Et mille autres esprits ; mais sache qu'avant eux
Nulle âme humaine encor n'avait été sauvée. »

    Nous marchions néanmoins tous deux.
    Tout en parlant nous traversâmes
    Comme une épaisse forêt d'âmes.
Depuis notre arrivée au triste souterrain,
    Nous avions fait peu de chemin,
Quand de cet hémisphère éclairant les ténèbres,
    Dans le lointain rayonne un feu :
Je vois à sa lueur que des mânes célèbres
    Le peuple possède ce lieu.

O toi, gloire des arts et de toute science,
Dis quels sont ces esprits ? de cette préférence
　　Comment ont-ils mérité la faveur ?

« Du nom que sur la terre ils ont mis en honneur,
Le ciel, répond Virgile, ainsi les récompense. »

Alors une voix dit : *Il revient ; honorez*
Le sublime poëte. Et la voix fit silence !
De quatre grands esprits le cortége s'avance :
On ne lit sur leurs traits calmes et mesurés
Ni tristesse ni joie. Et mon maître m'indique
L'ombre qui marche en tête, un glaive dans la main :

« Vois Homère, dit-il, poëte souverain ;
Après lui vient Horace, immortel satirique ;
Le troisième est Ovide, et le dernier Lucain.
Et, comme chacun d'eux avec moi peut prétendre
Au beau nom que la voix vient de te faire entendre,
Ils me rendent hommage, et cet honneur m'est doux. »

　　Ainsi je vis l'école réunie
Du maître qui créa la haute poésie :
　　Aigle, il plane au-dessus de tous.
Quelque temps à parler ensemble ils continuent,
Puis se tournant vers moi d'un signe ils me saluent,
Et mon maître sourit. Honneur encor plus grand !
Admis au milieu d'eux par faveur singulière,
Dans le sage conseil j'eus le sixième rang.
Nous allâmes ainsi jusques à la lumière,
Parlant comme en ces lieux il convient de parler ;
Un semblable entretien n'est pas à révéler.
　　Près d'un château nous arrivâmes,

Sept fois de remparts entouré ,
Ceint d'un beau petit fleuve , à gué nous le passâmes
Et par sept portes nous entrâmes.
Toute une nation foulait l'émail d'un pré :
Leur regard est tranquille et grave ,
Leur maintien noble impose le respect :
Ils parlent rarement et d'une voix suave.
Pour les examiner et mieux voir tout l'aspect,
Ouvert et lumineux un haut tertre domine ,
Nous y montons ; de la verte colline
On me montra les grands esprits.
Oh ! de les avoir vus je me sens fier : je vis
D'une race nombreuse Électre accompagnée ,
Je distinguai près d'elle Hector , Énée ,
Et César à l'œil d'aigle. Ici je reconnus
Et Pentésilée et Camille ;
Plus loin le vieux roi Latinus ,
Assis avec Lavinia sa fille ;
Le Brutus qui chassa Tarquin ,
Lucrèce , Julia , Marcia , Cornélie ,
Et seul à l'écart Saladin.
Et lorsque ma paupière un peu plus se replie ,
Je vois le maître des savants ,
Philosophe au milieu de ses nombreux enfants ;
Tous l'admirent , lui font hommage.
Plus près que les autres du sage ,
Je vois et Socrate et Platon;
Celui qui donna tout au hasard Démocrite :
Talès , Diogène , Héraclite ,
Anaxagore , Empédocle , Zénon :
L'habile observateur des qualités de l'être
Dioscoride : Orphée et Linus , Cicéron ,

Sénèque moraliste , Euclide géomètre ,
Ptolémée , Hippocrate , Avicenne , Galien ,
    Averroës , qui fit le commentaire...
    Il est des noms qu'il me faut taire ;
Par mon sujet pressé je n'approfondis rien.
    Les six alors ne restent plus ensemble :
Par un autre chemin Virgile me conduit
De l'air pur et tranquille au sein de l'air qui tremble,
Et j'arrive en des lieux qu'enveloppe la nuit.

CHANT V.

☙·◊·❧

Du premier cercle ainsi dans le second j'arrive :
L'enceinte en est moins vaste, et la douleur plus vive
    S'y plaint d'un lamentable accent.
    Là Minos siége effroyable, grinçant.
Dès qu'on entre le juge examine, prononce
Et selon qu'il se ceint la sentence s'annonce.
Oui, quand devant Minos comparaît un pécheur,
    Il confesse toute sa vie,
    Et des péchés, lui, le grand connaisseur
Voit en quel lieu d'Enfer crime pareil s'expie :
Il se ceint de sa queue ; et plus il fait d'anneaux
Plus bas le pécheur tombe aux cercles infernaux.
Beaucoup d'âmes sans cesse attendent sa justice ;

Chacune à son tour dit , entend
Et roule au fond de son supplice.

— O toi qui viens au douloureux hospice ,
Me dit Minos qui me voit et suspend
Le cours de son terrible office,
Regarde cette entrée et qui t'amène ici :
Que la largeur de ce passage
Ne te rassure pas. ——

« Pourquoi crier aussi ,
Tu ne peux mettre obstacle à son fatal voyage,
Minos , car on le veut ainsi
Où l'on peut ce qu'on veut , lui répliqua le sage ,
N'en demande pas davantage. »

Déjà retentissaient des notes de douleur :
Bientôt me frappe un long cri de malheur,
Et l'enceinte où je suis , de lumière muette ,
Mugit comme la mer, alors que la tempête
Fait des autans rivaux choquer les bataillons.
L'infernal ouragan , qui sans cesse tournoie,
Emportant les esprits dans ses noirs tourbillons ,
Les roule , les heurte , les broie.
Quels tristes cris , et quel gémissement ,
Quand brisés contre la ruine
Tous ces esprits , dans un long hurlement,
Blasphèment la vertu divine !
Tel est l'effroyable tourment
Qu'éprouvent les âmes charnelles ,
Qui sur la terre aux sens ont soumis la raison.
Comme les étourneaux dans la froide saison

3

Vont larges et serrés où les portent leurs ailes ,
        Ainsi les âmes criminelles
· Volent haut, bas , partout, au gré du tourbillon.
Plus d'espoir, nul repos, peines non secourues !
        Tel on entend un long sillon de grues
            Frapper les airs de cris perçants ,
Tels ces esprits roulaient plaintifs et gémissants,

        O maître! dis-je , apprends-moi quelles ombres
            Souffrent ainsi dans ces airs sombres ?

Il remplit en ces mots mon désir curieux :

« Cette ombre , qui d'abord se présente à tes yeux ,
De vingt peuples divers marcha l'impératrice ;
Tu vois Sémiramis, ses penchants dissolus ,
Par le blâme public loin d'être contenus ,
        Érigeaient en loi son caprice.
On dit que successeur et femme de Ninus
        Elle gouverna cette terre ,
    Où du soudan règne le cimeterre.
Infidèle à Sichée et trahie à son tour
Celle-ci dans la flamme éteignit son amour ,
        Cléopâtre la sensuelle ,
Hélène , temps affreux ! que de crimes pour elle! »

        Je vis Achille au glorieux destin ,
        Avec l'Amour il combattit enfin :
            Pâris , Tristan , foule suivie
D'autres qu'en les nommant du doigt il désignait ;
L'Amour précipita le terme de leur vie.
Lorsque j'eus entendu celui qui m'enseignait,
Nommer des anciens temps et les preux et les dames ,

Je me sentis les plaindre et m'affliger,
Et je dis :

       Je voudrais parler à ces deux âmes
Qui vont au vent ensemble et d'un vol si léger.

    « Eh bien ! il faut, répond le sage,
Lorsque plus près de nous le couple passera,
Au nom de cet amour qui les livre à l'orage
Les prier de venir, et ce couple viendra. »

Aussitôt que le vent nous les eut amenées
    Je dis :

        Ombres infortunées,
Si l'on n'y met obstacle, ah ! venez, parlez-nous.

    Deux colombes à tire d'aile,
Brûlantes de désirs, volent au nid si doux
      Où le tendre amour les appelle ;
Ainsi, tant a de charme un mot affectueux !
Les deux âmes, quittant la foule où Didon pleure,
S'abattent jusqu'à nous dans l'air impétueux.

    — O mortel ! bon et gracieux,
Qui viens nous visiter dans l'errante demeure,
    Nous dont la terre a vu couler le sang,
Si nous étions en grâce auprès du Tout-Puissant,
Nous lui demanderions un sort calme et paisible,
Pour toi que nous voyons à nos malheurs sensible.
    L'orage s'arrête un instant,
Parlez, nous pouvons vous entendre.
Que voulez-vous savoir ? nous pouvons vous l'apprendre
    Pendant que se tait l'ouragan.
Mon pays n'est pas loin des lieux où l'Éridan,

Fatigué des tributs qui grossissent ses ondes,
Va chercher le repos au sein des mers profondes.
Jeune, on s'attache vite; et lui s'éprit d'amour
   Pour la beauté que m'a ravie
Un coup dont la douleur en ces lieux m'a suivie;
Et comme l'être aimé doit aimer à son tour,
   Je le payai de tant d'amour,
Que je lui suis encor, tu vois, abandonnée.
L'amour nous réunit dans une seule mort,
Caïne s'ouvrira pour qui nous l'a donnée. —

Ces mots, jusques à nous arrivaient sans effort.
Et quand j'eus entendu ces ombres offensées,
Ma tête se courbant, je tins les yeux si bas,
Que Virgile me dit :

      « Quelles sont tes pensées ? »
Et moi je répondis :

      Hélas !
Que de doux pensers, quel délice
Les amenèrent au malheur
De cette orageuse douleur !

Et triste, j'ajoutai :

      Francesca ! ton supplice
M'attendrit à pleurer ; mais dis, à quel indice,
Par quel moyen, au temps des doux soupirs,
   L'amour vous a-t-il fait connaître
Le vague enchantement de vos premiers désirs ?

Elle me répondit :

      — Ton maître
Le sait. Rien n'est plus douloureux

Que de se rappeler , au fond de sa misère ,
　　Les moments où l'on fut heureux ;
　　Mais ardemment puisque tu veux
Savoir de nos amours l'origine première ,
Je vais , tout en pleurant , te la conter : Un jour ,
　　Que par plaisir nous lisions l'aventure
　　De Lancelot enchaîné par l'amour ,
　　Seuls , sans soupçon : plusieurs fois la lecture
Nous fit rougir , pâlir , tint nos yeux suspendus ;
Mais un passage seul , hélas ! nous a perdus...
Quand nous lûmes qu'un doux et désiré sourire
　　Reçut les baisers de l'amant ,
Lui , qui m'aura toujours dans l'éternel martyre ,
　　Baisa ma bouche tout tremblant ;
Notre Galléhaut fut l'auteur et son ouvrage ,
Et nous n'en lûmes pas ce jour-là davantage. —

　　Pendant que l'une achevait son récit ,
　　L'autre pleurait ! La pitié me saisit ;
Et , sentant ce qu'on doit sentir quand on succombe ,
　　Je tombai comme un corps mort tombe.

CHANT VI.

Troisième cercle. — Pluie incessante sous le poids de laquelle
sont écrasés les gourmands que Cerbère assourdit et déchire. —
Rencontre de Ciacco (Tchiacco) qui prédit les malheurs de
Florence. — Virgile explique comment les supplices des ré-
prouvés s'aggraveront après la résurrection générale.

Quand j'ai repris mes sens, ma raison égarée
Par la triste pitié que m'avait inspirée
De ces deux alliés l'incestueux amour,
Partout où vont mes pas, où mon regard pénètre,
    A droite, à gauche, tout autour,
Je vois nouveau tourment que souffre un nouvel être.
    Je suis au troisième contour,
    Où tombe une pluie incessante,
    Maudite, glacée et pesante ;
Le même mouvement régulier et fatal
Pousse la même pluie en poids toujours égal ;
Eau noirâtre, grêlons, neige, tombent à verse
Dans les airs obscurcis, sur le sol infecté ;
Cerbère est là, cruel, à la forme diverse,

Au flanc large, au poil noir et de fange empesté ;
Sur les peuples bourbeux ses trois gueules aboient,
De ses six yeux sanglants les trois regards flamboient,
    Des griffes sont les ongles de ses mains,
        Il déchire, écorche, écartelle
Les spectres submergés des profanes humains.
Comme des chiens hurlant sous la pluie éternelle,
On les voit, se tournant sans cesse ni repos,
Abriter, l'un par l'autre, ou leur ventre ou leur dos.
Cerbère, en nous voyant, rampe immense reptile,
Ses trois gueules ouvrant, montrant ses dents, enfin
Griffes, yeux, membres, flancs, aboiements, tout a faim.
    S'étant baissé jusqu'à terre, Virgile
        A pleines mains en ramassa,
Et dans les trois gosiers avides la lança.
        Alors qu'un chien de faim aboie,
        Hurle, qu'on lui jette une proie,
Il la happe, s'apaise, en un coin vite court
Où sa rage en grondant veut la dévorer seule ;
Tel le démon cessa, fermant sa triple gueule,
D'étourdir le damné qui voudrait être sourd.
A travers ces esprits battus du flot si lourd
    Nous marchions : vanité réelle,
Corps apparents, nous les foulions du pied,
Et ces ombres gisaient sur le sol pêle-mêle.
Une seule, voyant que nous passions près d'elle,
D'un mouvement subit se soulevant, s'assied.

— Dans le cercle infernal tu peux me reconnaître,
    Dit cet esprit, tu vivais à ma mort. —

    L'angoisse qui change si fort,

Me fait sans doute, hélas! te méconnaître ,
Il ne me souvient pas de t'avoir jamais vu.
Mais toi , si malheureux , dis-moi , qui donc es-tu ?
De quel vice la pluie est-elle le salaire ?
S'il est tourment plus vif , nul ne doit tant déplaire.

— Quand à l'excès, dit-il , on remplit le boisseau ,
Il regorge , d'envie ainsi ta ville est pleine ;
A l'heure de ma vie éclatante et sereine ,
C'est là que j'habitais, glouton comme un pourceau,
      On m'avait surnommé Ciacco.
      Pour châtier ma gourmandise ,
Comme tu vois la pluie incessante me brise.
Je ne souffre pas seul , et les mêmes tourments
Punissent tous ceux-là d'avoir été gourmands. —

      Il se tait.

       O Ciacco ! repris-je ,
Ton fatigant ennui m'intéresse et m'afflige.
Dis-moi , si tu le sais , ce que vont devenir
Tous nos concitoyens que rien ne peut unir ;
Nous reste-t-il un juste , et pourquoi notre ville
Est-elle ainsi livrée à la guerre civile ?

Et Ciacco répondit :

          — Après de longs débats
Les partis en viendront à de sanglants combats ,
Les noirs seront chassés avec un grand carnage
      Par ceux dont le chef vient des bois.
Mais après trois moissons, reprenant l'avantage,
Servis par qui louvoie en cotoyant la plage ,
      Aux blancs ils dicteront des lois :

Et les tenant, altiers, sous un long esclavage,
Ils leur prodigueront le malheur et l'outrage.
Deux justes sont encore, on méprise leur voix :
     L'orgueil, l'avarice et l'envie
  Voilà les dieux auxquels on sacrifie. —

L'ombre, à ces tristes mots, tristement s'arrêta,

Et je dis :

       Parle encor, parle, je t'en supplie.
    Tegghiaïo, Farinata,
  Tous deux brillants d'une si digne vie,
Arrigo, Jacopo Rusticucci [1], Mosca,
Tant d'autres qu'à bien faire a poussés leur génie,
Ah ! par toi de leur sort que je sois éclairci,
Sont-ils heureux au ciel ou malheureux ici ?

— Pour des vices divers, reprit Ciacco, ces ombres
Souffrent une autre peine en des cercles plus sombres :
  Si tu descends assez tu les verras.
Dans le monde si doux quand tu retourneras,
Rappelle ma mémoire à tous... Ma voix s'arrête,
Je ne peux plus... —

       Ses yeux se tournent de travers,
Il me regarde un peu, puis inclinant la tête,
Tombe parmi les morts de fange recouverts.

« Il ne doit se lever, dit alors le poëte,
Qu'au son que donnera l'angélique trompette,
Quand Dieu, leur ennemi, jugera l'univers.

[1] On prononce Rousticoutchi.

Chacun retrouvera sa triste sépulture ,
   Et , reprenant sa chair et sa figure ,
Entendra ce qui doit à jamais retentir. »

Ainsi nous traversions , à pas lents , ce mélange
    D'ombres, et de pluie et de fange ,
   Parlant un peu de la vie à venir ,
Et je dis :
       Maître , après l'immuable sentence ,
  Tous ces supplices différents
Seront-ils ce qu'ils sont, plus petits ou plus grands ?

  « Rappelle-toi ce que veut la science ,
    Me dit-il ; plus l'être est parfait,
Du mal comme du bien plus il ressent l'effet ;
Et quoique les maudits ne puissent pas prétendre
    A l'entière perfection ,
   Ils ont le triste droit d'attendre
Celle qu'apportera la résurrection. »

Nous suivîmes la route en un détour immense ,
Variant nos discours que je tais à demi.
Arrivés à l'endroit où la pente commence ,
Nous trouvâmes Plutus, notre grand ennemi.

CHANT VII.

Plutus calmé, ils descendent au quatrième cercle où se choquent éternellement les prodigues et les avares. — Magnifique portrait de la Fortune. — Ils viennent ensuite au cinquième cercle qui est le Styx où sont plongées les âmes de ceux qu'emporta la colère.

Papé Satan, papé Satan [1], Hallherte,
Balbutia Plutus d'un faible et rauque accent.
Virgile, qui sait tout, dit me raffermissant :

« Que la peur, ô mon fils ! point ne te déconcerte :
Quel que soit le pouvoir de cet affreux démon
    Tu pourras descendre ce mont. »

[1] J'ai changé pour la rime le dernier mot de ce vers inintelligible, *Aleppé* ne signifiant pour moi rien de plus qu'*Hallherte*. Cependant deux professeurs de Vérone, Giuseppe Venturi et Filippo Sarchi, ont, en changeant quelques lettres, formé une phrase hébraïque, dont le mot à mot serait : *Ici, ici Satan, ici, ici Satan règne*. Nous ne nions pas que cette leçon ne soit très plausible

Puis tourné vers la bête à la lèvre gonflée :

    « Tais-toi, cria-t-il, maudit loup,
Que ta rage en dedans te ronge ; jusqu'au bout
Nous pouvons visiter l'infernale vallée.
    On le veut, là-haut dans le ciel,
    D'où jadis l'archange Michel
Précipita le superbe adultère. »

Et la bête cruelle à ces mots tombe à terre.
    La voile ainsi, lorsque se rompt un mât,
    Se dégonfle, roule et s'abat.
Pénétrant plus avant dans les tristes abîmes,
Où de tout l'univers s'engloutissent les crimes,
Nous descendons d'un cercle. Ah ! justice de Dieu,
Que de tourments nouveaux, quelles horribles gênes
    Je vis rassemblés en ce lieu !
Et pourquoi nos péchés méritent-ils ces peines ?
Sur Carybde, les flots se heurtant, sont brisés ;
Innombrables ainsi tournant dans ces ténèbres,
Penchés sur des fardeaux qu'ils roulent épuisés,
Deux grands peuples poussant des hurlements funèbres
S'entrechoquaient, sur eux tournoyaient et fuyant
A leur point de départ revenaient en criant :
Pourquoi jeter ? pourquoi tenir ? Lutte cruelle !
Les deux troupes en masse au sein du noir séjour
Tournent en répétant leur honteuse querelle,
    Et recommencent au retour
A chaque demi-cercle une joute nouvelle !
    Et moi, le cœur tout affligé :

Quels sont ces malheureux, maître, je t'en conjure ?
Ceux de gauche, dis-moi, qui portent la tonsure

Appartiennent-ils au clergé ?

« Tous ont, par un esprit trop ou trop peu rangé ,
D'une sage dépense ignoré la mesure ,
      Me répond-il ; les cris par eux poussés,
Au double point du cercle où le choc les sépare,
. Indiquent clairement leurs vices opposés.
Ceux-ci , que l'on distingue à leurs cheveux rasés,
Furent clercs, cardinaux , ou ceints de la tiare ;
Le superflu gardé souilla leur cœur avare. »

O maître ! je devrais connaître quelques-uns
De ces morts qu'ont souillés des vices si communs ?

« Ne le crois pas ; dit-il ; leurs vices méprisables
Ont tant sali leurs traits qu'ils sont méconnaissables.
Ils reviendront sans cesse à ce choc éternel ,
      Et sortiront du sépulcre charnel,
Ceux-ci le poing fermé , ceux-là sans chevelure.
Mal donner, mal garder leur ont ravi les cieux ,
      Et mérité ces combats furieux
      Dont je ne peux exprimer la torture.
Tu vois , mon fils , s'ils sont et frivoles et vains
      Les biens soumis à la fortune ,
Que loin du droit sentier recherchent les humains.
      Tout l'or qui brille sous la lune
Fût-il à ces esprits si las, pas un maudit
N'obtiendrait en échange un instant de répit. »

O maître ! en ton savoir mon désir se repose,
La Fortune à son gré qui de nos biens dispose,
Qu'est-ce donc ?
                    Il reprit :
                              « Mortels sans jugement,
      Que votre ignorance est profonde !

Écoute, par ta voix que j'instruise le monde.
Celui qui connaît tout sans nul raisonnement
Fit les cieux et donna, pour les conduire, un être
Qui doit sur chaque part éclairée à son tour,
Partout également distribuer le jour ;
Des mondaines splendeurs de même un ange maître,
Sans écouter jamais l'humaine volonté,
Va, court de peuple en peuple et de races en races,
    Confie au temps biens, trésors, titres, grâces,
Et fait de mains en mains passer leur vanité.
Un peuple sert obscur, l'autre règne superbe,
Par cet ange caché comme un serpent sous l'herbe.
Nul savoir ne suspend son vol capricieux :
        Il pourvoit, il donne, il enlève,
    Et règne ainsi que tous les autres Dieux :
Ses permutations n'admettent pas de trève :
        Nécessité précipite le cours
De sa faveur sujette à de brusques retours.
Oui, telle est la Fortune ; on la blâme, on l'outrage,
On l'insulte, on la cloue au plus affreux gibet,
Et celui-là souvent la maudit davantage,
Qui devrait s'en louer le plus ; mais la volage
N'entend pas ; son bonheur vient de ce qu'elle fait.
Comme les autres Dieux d'un ordre plus parfait,
D'exécuter sa loi créature joyeuse,
Elle tourne sa sphère et jouit d'être heureuse.
Allons où nous attend plus profonde pitié ;
Les astres au départ qui montaient, redescendent,
        Et de trop tarder nous défendent. »

Du cercle parcourant la seconde moitié,
A nos pieds nous voyons bouillonner une source,

Qui tombe en un ravin qu'avait creusé sa course.
Eau trouble et plus que sombre, elle est noire plutôt.
Et nous, en la suivant par une route ardue,
Dans le creux du vallon nous arrivons bientôt.
   Du ruisseau noir quand l'onde est descendue
     Au pied du noirâtre coteau,
Elle forme le Styx aux eaux marécageuses.
Pour distinguer alors m'appliquant tout entier,
J'aperçus des objets pressés dans le bourbier,
Tout nus et furieux, peuples d'ombres fangeuses :
   Têtes, pieds, mains, poitrines se heurtaient,
De leurs dents pièce à pièce ils s'entredéchiraient.

« Tu vois, mon fils, me dit mon guide tutélaire,
Les ombres des humains qu'emporta la colère.
Sache qu'il est sous l'eau bien d'autres malheureux.
Vois, sur l'étang partout où la fange bouillonne,
   C'est leur foule qui tourbillonne.
Ils disent, étouffés sous le limon affreux :

« Dans l'air, où le soleil gaiement rit et se joue,
» Nous fûmes tous gonflés des plus sombres vapeurs;
» Victimes à jamais de nos propres fureurs,
» Nous vivons de colère et plongés dans la boue. »

Comme ils ne peuvent rien prononcer nettement,
Cet hymne en leur gosier n'est qu'un gargouillement. »

Entre le bord aride et la mare bourbeuse,
Après avoir suivi la moitié du contour,
L'œil fixé sur le peuple à la boisson fangeuse,
Nous arrivons enfin tout au pied d'une tour.

CHANT VIII.

Poursuivons. En ce lieu lorsque nous arrivâmes,
Sur cette tour déjà nous avions vu deux flammes ;
Et si loin que nos yeux pouvaient à peine voir,
Pour rendre le signal nous vîmes se mouvoir
Une autre flamme ; et vers mon maître habile
Me retournant je dis :

Toi qui sais tout, Virgile,
Ces deux signaux auxquels un troisième répond,
Que disent-ils ? Quelles ombres les font ?

« Si du sale marais le brouillard n'en empêche,
Tu peux voir quel objet ont les signaux divers. »

Quand l'arc avec effort se détend , jamais flèche
D'un vol aussi léger ne traversa les airs ,
Que vers nous sur les eaux ne glisse une nacelle,
    Conduite par un seul nocher
    Qui criait :

           — Je viens te chercher ,
  Je te tiens , âme criminelle. —

« Phlégias , Phlégias , tes cris sont superflus ,
Lui répliqua mon maître , oui , superflus , te dis-je ;
L'étang bourbeux passé , tu ne nous auras plus. »

Surpris d'un grand mécompte , on écoute , on s'afflige;
De même Phlégias , sa rage concentrant ,
  Se tait. Mon guide , en sa nacelle entrant ,
M'y fait descendre après , et mon poids seul la charge !
    La barque aussitôt prend le large ,
  Enfonçant plus qu'elle n'eût jamais fait !
Pendant que nous courions sur l'eau marécageuse ,
Voilà que devant moi s'offre une ombre fangeuse.

— Quel es-tu donc ? me dit cet esprit stupéfait ,
Toi , qui viens avant l'heure en ce marais funeste ?

Moi , je lui répondis :
              Je viens , et point ne reste.
  Mais toi , couvert de fange tout entier ,
Qui donc es-tu ?

          — Je suis un pauvre esprit qui pleure. —

Eh bien ! lui dis-je , esprit maudit , demeure
  Avec tes pleurs au fond de ce bourbier.
Je te connais malgré la fange qui te souille.

Alors vers la nacelle il étend ses deux mains,
Et mon maître aussitôt le chasse, et lui dit :

                                        «Fouille,
Fouille dans ce cloaque avec les autres chiens. »

Puis, me jetant les bras autour du cou, le sage
          Daigna me baiser le visage
En me disant :

               « Mortel noblement irrité,
     Que bénis soient les flancs qui t'ont porté !
          Il eut une vie orgueilleuse,
Il faut que sa mémoire inspire un juste effroi :
Comme là-haut son âme est ici furieuse.
Sous ce marais impur il est plus d'un grand roi
Qui de sa renommée épouvantant le monde,
Restera comme un porc en cette fange immonde. »

O maître ! dis-je alors, que je serais content
Si je pouvais avant que de quitter l'étang
          Le voir plongé dans l'eau croupie !

     « Avant que d'aborder tu seras satisfait ;
Il est bien que ton vœu s'accomplisse en effet. »

Après ces mots je vis, se jetant sur l'impie,
Mille ombres l'insulter, fangeuses comme lui :
J'en loue et bénis Dieu, même encore aujourd'hui.
A Philippe Argenti criaient toutes ces âmes.
Le Florentin, en proie à d'horribles transports,
Lui-même avec ses dents se déchirait le corps ;
          C'est ainsi que nous le laissâmes.
Un sourd gémissement jusqu'à nous est porté !
Devant moi je promène une vue attentive.

« Mon fils , me dit le bon maître , on arrive
  Près des murailles de Dité :
D'innombrables maudits cette ville est peuplée. »

Oui , déjà je distingue au fond de la vallée
  Ses hauts minarets éclatants ;
  On les dirait du feu sortants.

  « La flamme à jamais les pénètre ;
C'est pour cela qu'ils sont , me répondit le maître ,
Rouges comme tu vois dans ce second enfer. »

Cependant nous touchons au fossé redoutable
Qui borde , qui défend la terre inconsolable ;
  Les remparts me semblent de fer.
Après un grand détour sur ce lac effroyable ,
  Le nocher s'arrêtant , bien fort
  Cria :
      — Sortez ! voici l'entrée. —

D'esprits tombés du ciel une foule serrée
  Se pressant aux portes du fort ,
Disait avec fureur :

            — Qui donc , avant sa mort ,
Ose des trépassés parcourir les royaumes ? —

  Et mon sage maître aux fantômes
Fit signe qu'il voulait parler secrètement.
Eux , faisant quelque trêve à leur emportement ,
Répondirent :

            — Viens seul. Lui qui point ne redoute
  De venir jusqu'à ce contour ,
  L'audacieux , qu'il parte , et qu'au retour
Il retrouve , s'il peut , tout seul sa folle route.

Parmi nous tu vas demeurer,
Toi qui lui sers de guide au pays des ténèbres. —

Lecteur, juge l'effroi que durent m'inspirer
    De ces maudits les paroles funèbres.
Je crus être à jamais privé du doux soleil.

Toi qui dans les périls cent fois, ô mon cher maître !
M'as raffermi, sauvé, toi, mon sage conseil,
Oh ! ne me laisse pas en un moment pareil :
Et si de passer outre on ne veut nous permettre,
    Retournons vite ensemble sur nos pas.

Le seigneur, qui m'avait guidé dans ce voyage,
    Me répondit :

                « On veut notre passage,
Ne crains rien ; ces damnés ne l'empêcheront pas.
Ici tu vas m'attendre ; allons, courage, espère,
    Remets ton esprit confondu ;
Point ne te laisserai dans ce pays perdu. »

        Et s'éloignant, le tendre père
    Là m'abandonne, et je reste éperdu
        Dans les angoisses du peut-être.
Je n'entends pas ce que leur dit mon maître ;
        Mais presqu'aussitôt les damnés
        Rentrent en hâte dans la ville,
        Et lui ferment la porte au nez.
        Demeuré seul dehors, Virgile,
    Les yeux baissés, me rejoint lentement ;
Sa paupière exprimait un morne abattement.
Je l'entends soupirer, à lui-même se dire :

    « Qui m'arrête à ce point du douloureux empire ?

Pour toi de mon courroux ne sois pas alarmé :
>Va, quelle que soit leur défense ,
>Nous vaincrons toute résistance.
Cet orgueilleux projet , par eux jadis formé ,
>Vint échouer à la première porte
Qui de toute serrure est dépourvue encor :
Tu sais, on voit au haut l'inscription de mort.
>Et de la hauteur sans escorte
>Tel vient et passe les contours
Qui fera bien ouvrir la porte de ces tours. »

CHANT IX.

Apparition et menaces des trois Furies. — Envoyé du ciel. — La
porte de Dité ouverte, les poëtes entrent dans la ville. —
Tombes de feu dans lesquelles sont plongés ceux qui nièrent
l'immortalité de l'âme.

➱◆➲

Mon guide, voyant la pâleur
Que sur mes traits imprime la frayeur,
Renferme en lui-même au plus vite
Le nouveau trouble qui l'agite.
Attentif il s'arrête, écoute... Le regard,
A travers cet air noir et cet épais brouillard,
Ne peut pénétrer loin ; et rompant le silence :

« Il faut pourtant entrer dans le second enfer,
Me dit-il, ou sinon... Tel déjà s'est offert....
J'ai hâte qu'on arrive. »

Il veut, dans sa prudence
A mes réflexions donnant un autre cours,
Atténuer l'effet de ses premiers discours.

    Néanmoins cette réticence
Au lieu de le calmer augmente mon effroi.

    Ces mots inachevés par moi
Furent trop mal interprétés sans doute ;
Mais je dis tout tremblant :

                De la première voûte,
Où l'on ne souffre rien qu'un désir sans espoir,
  Jusqu'au fond de ce puits si noir
Descendit-on jamais ?

           « Peu firent cette route.
Cependant d'Érichton subissant le pouvoir,
  Une fois, me répond Virgile,
  Je pénétrai dans cette ville.
  Depuis peu j'étais chez les morts ;
Érichton, qui savait réunir l'ombre au corps,
M'envoya, traversant les demeures profondes,
Retirer un esprit du cercle de Judas ;
Cercle le plus obscur de tous, et le plus bas
Et le plus loin du ciel qui couvre tous les mondes.
Je connais bien la route, ainsi ne tremble pas.

    Ce marais de son eau fétide
    Entoure la triste cité,
Où nous n'entrerons pas sans colère. »

                Mon guide
Ajouta quelques mots dont rien ne m'est resté ;
Car vers la tour alors mon œil était porté.

    Sur les cimes au feu rougies,
    Je vois tout à coup se dressant

    Les trois infernales Furies
    Toutes dégouttantes de sang.
De la femme elles ont les traits et la figure,
    Des hydres verts leur servent de ceinture ;
Vipères et serpents composant leurs cheveux,
    Se roulent sur leurs fronts hideux.
Et lui, reconnaissant dans ces femmes horribles,
De la reine des pleurs les suivantes terribles :

  « Regarde, me dit-il, les implacables sœurs,
    Tisiphone, Alecton, Mégère ;
La première est au centre, à gauche la dernière ;
    L'autre à droite verse des pleurs. »

Enfonçant dans leur sein un ongle sanguinaire,
Et des mains se frappant, elles poussent des cris
Tels que, près du poëte, effrayé je me serre.
Elles criaient :

        — Méduse, accours, changeons-le en pierre,
De Thésée épargné nous recevons le prix. —

Leur regard sur moi tombe, et le maître m'ordonne
De leur tourner le dos et de fermer les yeux :

  « Car si, dit-il, tu voyais la Gorgone,
Rien ne pourrait te rendre à la clarté des cieux. »

Et comme si mes mains avaient besoin des siennes,
Me tournant, sur mes yeux il joint ses mains aux miennes
(Sages, trouvez le sens de ces étranges vers
Sous les voiles obscurs dont je les ai couverts.)
    Et déjà sur l'eau turbulente,
S'approche avec fracas un bruit plein d'épouvante.

Les bords tremblent. Ainsi, dans le fort de l'été,
Un vent sur la forêt par l'ouragan porté,
Rompt les branches, abat, emporte jusqu'à l'herbe,
Bouleverse la terre en poudre, et va superbe.
Bêtes, pasteurs, tout fuit. Me délivrant les yeux,
    Virgile dit :

          « Sur cette antique écume
Regarde où, plus obscur, le lac bouillonne et fume. »

Lorsque vient le serpent qui leur est odieux,
Les grenouilles, fuyant par troupes dispersées,
Vont toutes se tapir au fond du lac pressées ;
Tels de nombreux damnés s'enfuyaient à l'aspect
D'un être qui marchait sur le Styx à pied sec.
Souvent de la main gauche il chasse le nuage,
Qui d'épaisses vapeurs afflige son visage.
De cette angoisse seule il paraît fatigué.
    Je reconnais des cieux le délégué.
Du maître consulté la muette éloquence
    Me fait m'incliner en silence.
Ah ! qu'il était rempli d'un sublime dédain !
Aussitôt qu'il atteint la porte de la ville,
Avec une baguette il la touche, et soudain
    Elle s'ouvre :

          — O nation vile !
    Cria-t-il sur l'horrible seuil,
Esprits chassés du ciel, d'où vous vient tant d'orgueil?
Pourquoi résistez-vous à la volonté ferme
Qui ne manque jamais d'arriver à son terme ?
Déjà plus d'une fois elle accrut vos tourments,
Pourquoi heurter de front ses hauts commandements?

    5

De votre grand Cerbère, ici nul ne l'ignore,
Le menton et le cou sont tout pelés encore. —

Et sans nous dire un mot, par le sale marais
   Il s'en retourne. On voit dans tous ses traits
   Qu'aucun objet présent ne l'intéresse,
Et qu'un tout autre soin et le pousse et le presse.
Par ce langage saint rassurés, nous courons
    Vers cette terre où nous entrons
Sans obstacle. Cédant à mes vœux, je m'empresse
De voir ce que contient l'ardente forteresse.
   Je promène au loin mes regards,
   Et j'aperçois de toutes parts
   Une triste et vaste campagne,
Pleine d'affreux tourments que la plainte accompagne.
   Près d'Arles, aux lieux où stagnant
   Le Rhône ralenti s'oublie,
A Pola, dans ces champs confins de l'Italie
   Que le Quarnaro va baignant,
De sépulcres couvert le terrain s'accidente;
Tel est et plus affreux le cercle des tombeaux.
Des flammes séparaient ces tertres inégaux,
Plus rouges que le fer dans la fournaise ardente:
Leurs couvercles étaient soulevés, et des cris
   En sortaient tristes, lamentables,
Et faisaient deviner des maux épouvantables.

   O maître! dis-moi quels esprits
   Ont leurs ombres ensevelies
Sous ces voûtes témoins de pareilles douleurs?

  « Là, répond-il, de quelques hérésies
  Souffrent les chefs et tous leurs sectateurs.

Bien plus que tu ne crois ces tombes sont remplies.
Le semblable est avec son semblable enfermé
Au fond d'un monument plus ou moins enflammé. »

Il dit, et cette fois à droite nous tournâmes
Entre les hauts remparts et les terribles flammes.

CHANT X.

Farinata et Cavalcanté. — Conversation de Dante avec eux. — Farinata explique comment les réprouvés ignorent le présent, tout en connaissant l'avenir, et prédit à notre poëte les malheurs qui l'attendent.

❦

Ainsi nous suivions tous les deux,
Mais Virgile d'abord, le sentier solitaire
Qui tourne entre les feux et le mur de la terre.

Ombre intrépide, parle et satisfais mes vœux :
O toi ! qui me conduis partout comme tu veux
Dans ces abominables cercles,
De ces tombeaux les peuples réprouvés
Pourrait-on les voir ? Leurs couvercles,
Quoique sans nul gardien, sont déjà tous levés.

« On les fermera tous , me répondit Virgile,
Lorsque de Josaphat en ces tombes les morts
  Rapporteront leurs dépouilles d'argile.
    Ceux qui crurent qu'avec le corps
Notre âme doit mourir, périssable matière ,
Épicure et sa secte ont là leur cimetière.
En ce lieu ton désir sera bientôt comblé ,
Et même un autre encor dont tu n'as pas parlé. »

Si je ne t'ouvre pas mon âme toute entière,
  C'est, ô bon maître, afin de parler peu ,
Ainsi que tu me l'as recommandé naguère.

— Toscan , qui sans mourir dans la cité de feu
Peux venir, et qui tiens ce langage modeste ,
    Daigne t'arrêter en ce lieu.
Au doux pays natal que ton parler m'atteste,
    Peut-être je fus trop funeste. —

De mon guide en tremblant je m'approche à ces mots,
Subitement sortis de l'un de ces tombeaux.

« Que fais-tu , me dit-il ? vois dans sa sépulture
    Farinata qui s'est dressé :
Tourne-toi. »
            Sur ses yeux mon œil déjà fixé
  Le voit jusques à la ceinture :
    Le front haut, le sein découvert,
Il semblait et braver et mépriser l'enfer.
    Et la main du sage intrépide,
  M'enhardissant, d'un mouvement rapide
A travers ces tombeaux au sien me pousse , et dit :

« De la précision dans tes discours, prends garde. »
                                        5.

Aussitôt que j'arrive au sépulcre maudit
    L'impie un instant me regarde,
  Puis d'un air presque dédaigneux
Il m'interroge et dit :

              — Quels furent tes ayeux ? —

Désirant obéir, de ma famille entière
Je rappelle les noms. Soulevant sa paupière :

— Tous ont cruellement, me répond Uberti,
  Combattu moi , mes aïeux, mon parti.
Je les chassai deux fois. —

           Et deux fois ils rentrèrent,
Repris-je, ce grand art, les vôtres l'ignorèrent.

De cette tombe alors un autre devant moi
Se lève seulement jusqu'au menton ; je croi
Qu'il se tient à genoux. Son regard se promène
  Autour de moi pour savoir qui m'amène.
  Me voyant seul, et libre de soupçon
Il me dit en pleurant :

            — Dans la noire prison
Si tu descends guidé par ton noble génie,
  Pourquoi mon fils avec toi n'est-il pas ?
Où donc est-il ? —

        Oh ! seul, chez la race punie
Je ne viens point. Celui qui dirige mes pas
Tout près d'ici m'attend. Votre Guido peut-être
  Pour le poëte eut-il trop de dédain ?

(Ses discours, son tourment, me l'ayant fait connaître,
  Je pus ainsi lui répondre à la lettre).
De toute sa hauteur il se lève soudain :

— Que dis-tu donc ? *eut-il !* N'est-il plus sur la terre ?
Ses yeux sont-ils fermés à la douce lumière ? —

Je tarde à rassurer ses esprits éperdus.....
Il tombe à la renverse et ne reparaît plus.
  Mais cette autre ombre magnanime,
Dont le discours m'avait arrêté dans l'abîme,
Imposante, superbe., impassible toujours,
Continue en ces mots notre premier discours :

 — Ils ignorent cet art , oui , dit-il ; et j'en souffre
  Plus que de brûler dans ce gouffre.
Pour toi , cinquante fois la reine de ces lieux
N'aura pas rallumé son disque dans les cieux ,
Que tu sauras combien cet art est difficile.
Si tu rentres jamais dans le monde si doux,
  Dis-moi pourquoi l'impitoyable ville
A chaque loi qu'on fait s'acharne contre nous ? —

 Et je réponds :
    Il est un grand exemple...
Et du carnage affreux qui rougit l'Arbia,
Le souvenir se mêle aux prières du temple.

Soupirant, secouant la tête, il s'écria :

  — Je n'étais pas seul : la prudence
A ce commun dessein assura mon concert ;
  Mais lorsque plus tard fut ouvert
  L'avis de détruire Florence,
  Contre tous je pris sa défense
  Seul, à visage découvert. —

Que Dieu daigne accorder la paix à votre race!

Mais vous, éclaircissez un point qui m'embarrasse.
        Si j'ai bien compris, dans ces lieux
Connaissant l'avenir, le présent vous échappe ?

—Nous voyons, répond-il, comme les mauvais yeux;
Aveugles s'ils sont près, le lointain seul les frappe :
Ainsi pour nous encor brille l'être divin ;
Mais notre entendement s'efforcerait en vain
De savoir, si quelqu'un ne nous les fait connaître,
Les terrestres objets qui sont ou qui vont être;
Et même ce savoir, tu le sens, doit finir
        Quand se fermera l'avenir. —

Maintenant, m'écriai-je, un remords me pénètre.
Dites au malheureux dans la fosse tombé
        Que son fils n'a pas succombé :
    Et que, si j'ai tardé de l'en instruire,.
        C'est que j'étais tout absorbé
Dans l'erreur qu'à l'instant vous venez de détruire.

Virgile m'appelait à des tourments nouveaux,
Et je priai l'esprit de me dire en deux mots
Quelles ombres brûlaient avec lui dans les flammes.

—Près de moi, répond-il, souffrent des milliers d'âmes,
        Frédéric II, le Cardinal,
Tant d'autres sur lesquels je garde le silence.—

Il dit et se replonge au sépulcre infernal.
Et moi, m'en retournant vers mon maître, je pense
        Au sens de l'oracle ennemi.
        Le sage en marchant me demande :

    « Pourquoi ton cœur a-t-il frémi ? »

Je réponds sans détour ; et lui me recommande,
De garder ce discours prononcé contre moi ;
   Puis il ajoute en élevant le doigt :

« Quand tu verras le doux et lumineux visage
De celle qui voit tout, par elle tu sauras
Ce qui doit t'arriver au terrestre voyage. »

Laissant le mur, à gauche il dirige ses pas ;
Et passant au milieu des tombeaux, une allée
   Nous mène au bord d'une infecte vallée.

CHANT XI.

Tombeau brûlant du pape Anastase. — Virgile fait la description des trois derniers cercles, et dit quels pécheurs y subiront les peines éternelles. — Trois sortes de violences, deux espèces de fraudes. — Usure.

Tout à l'extrémité de ces bords, composés
D'énormes rocs rompus en cercle disposés,
   Nous rencontrons un plus cruel obstacle :
La vapeur que vomit l'infernal réceptacle
     Se fait horriblement sentir ;
Derrière un grand tombeau pour nous en garantir
Nous courons, et je vois écrit sur cette pierre :

    Je garde un successeur de Pierre,
    Anastase II, que Photin
    Attira loin du droit chemin.

« Il faut ici, me dit l'ombre attentive,

S'habituer d'abord à cette infection :
En pressant moins le pas, par degrés on arrive
 A n'y plus faire attention. »

 Mais de cette heure fugitive,
Repris-je, trouve au moins la compensation.

 « J'y songeais, me répond le maître :
Entre ces rocs, mon fils, existent trois contours
 Qui se rétrécissent toujours,
Ainsi que ceux que je t'ai fait connaître.
 Tous trois sont remplis de damnés ;
Mais, pour que d'un coup d'œil tu puisses tout comprendre,
 Ecoute-moi, je vais t'apprendre
Comment et pour quel crime ils y sont enchaînés.
Tout vice qui du ciel a mérité la haine
 A pour but un tort que l'on fait
Et qui de violence ou de fraude est l'effet ;
Or la fraude étant propre à la nature humaine
Déplaît le plus à Dieu ; c'est pourquoi les fraudeurs [1]
Gémissent assaillis des plus vives douleurs
 Au fond de l'entonnoir immense.
Dans le premier contour où sont les violents,
Trois girons inégaux répondent différents
 Aux trois sortes de violences ;
Car on outrage Dieu, soi-même et le prochain.
Mais toute violence attaque la personne

---

[1] L'usage a restreint le sens du mot *fraudeur*. Nous lui rendons ici sa signification étymologique, c'est-à-dire que nous désignons par cette expression les âmes coupables d'une fraude quelconque. Le mot *frauduleux* ne nous paraît pas devoir s'appliquer aux personnes.

En elle ou ce qui l'environne,
Cela va te sembler certain :
On blesse un homme, on l'assassine,
On vole ses propriétés,
On les lui brûle, on le ruine;
Aussi par groupes tourmentés,
Sont au premier giron les âmes meurtrières,
Ceux qui blessèrent méchamment,
Les brigands, les incendiaires.
L'homme peut se tuer en son emportement
Ou risquer ses biens follement ;
Or, le second giron renferme,
Livrés à des regrets sans but comme sans terme,
Les suicides, les joueurs,
Tous ces tristes dissipateurs,
Qui, gaspillant leurs biens, n'en jouirent pas même
Il fait outrage à la Divinité
Celui qui dans son cœur la nie et la blasphème,
Et brave la nature, œuvre de sa bonté ;
Or, le dernier giron de son cachet de flamme
Scelle, avec Sodôme et Cahors,
Ceux qui, méprisant Dieu, parlent du fond de l'âme
La fraude, qui de longs remords
Ronge, hélas ! toute conscience,
Abuse de la confiance,
Ou seulement trompe l'amour,
Qui les uns aux autres nous lie ;
Eh bien ! le deuxième contour
De la seconde fraude est le digne séjour.
Là, se cachent hypocrisie,
Vaines promesses et sorciers,
Fausseté, larcins, simonie,

Rufiants, *barats* [1] et pareils orduriers.
La plus coupable fraude en trompant sa victime
Méconnaît à la fois l'amour universel,
Et de ce sentiment l'effet bien naturel
    La confiance, autre amour plus intime ;
        Aussi, dans le fond de l'enfer,
Au point central du monde, où siége Lucifer,
Tout traître est consumé dans l'éternel abîme. »

Maître, dis-je, aux clartés de ton raisonnement,
        Je distingue parfaitement
        Le gouffre et tout son peuple impie.
Mais, dis-moi, les esprits plongés au lac bourbeux,
Ceux qu'emporte le vent, et ceux que bat la pluie,
Et ceux qui se choquant poussent des cris affreux,
Pourquoi, s'ils ont du ciel irrité la justice,
Ne sont-ils pas punis dans l'ardente cité ?
Sinon, pourquoi faut-il que chacun d'eux subisse
        Un châtiment non mérité ?

    Le maître répond :

                « Quel délire
    Change le cours de tes réflexions !
Pourquoi dans ton esprit ces divagations ?
        De ce qu'en l'*Éthique* on peut lire,
        Comment ne te souvient-il plus ?
        Trois vices du ciel sont exclus
Incontinence, fraude, aveugle violence ;
        Mais de ces trois l'incontinence

---

1 L'expression qui rend la même idée en français ne m'est pas connue. Devais-je employer une longue périphrase ? J'ai mieux aimé conserver le mot italien.

S'attire moins de blâme et déplaît moins à Dieu.
  Médite bien cette sentence :
 Rappelle-toi ceux qui hors de ce lieu
  Font l'éternelle pénitence ,
Et tu verras pourquoi , loin des autres pervers ,
Dieu les tourmente moins dans leurs cercles divers. »

  O soleil ! maître secourable ,
Tous mes vœux sont par toi si doucement comblés ,
Et ton jour vient si pur à mes regards troublés ,
 Qu'autant que de savoir, douter m'est agréable !
Sur un seul point encor ramène ta clarté :
  Comment se fait-il que l'usure
Offense du Très-Haut la bonté sans mesure ?
  Daigne éclaircir cette difficulté.

« Avec soin , répond-il , lorsque l'on étudie
Les diverses leçons de la philosophie ,
  On voit que Dieu du monde entier
  Est l'architecte et l'ouvrier.
  Et dans la physique immortelle
 Tu trouveras, en feuilletant un peu ,
  Que l'art humain autant qu'il peut
  Prend la nature pour modèle ,
Comme à son maître un disciple est fidèle :
Votre art est donc de Dieu petit-fils seulement.
Si tu veux remonter jusqu'au commencement ,
La Genèse nous dit qu'à l'art , à la nature ,
Chacun doit demander sa propre nourriture
Et les biens à venir de tout le genre humain ;
  Or, l'usurier prend un autre chemin ,
Et son calcul , d'ailleurs attendant le bien-être ,
Méprise la nature et l'art qu'elle a fait naître.

Mais, je le veux, désormais avançons ;
A l'horizon déjà surnagent les poissons,
    Le chariot de Corus s'approche,
Viens, nous pourrons plus loin descendre cette roche. »

CHANT XII.

Minotaure. — Centaures. — Les trois girons du septième cercle.
— Dans le premier, au fond du fleuve de sang bouillant, brû-
lent les âmes coupables de violence contre le prochain. —
Dante passe à gué le Phlégéton sur la croupe du centaure
Nessus.

La côte, son gardien, le sentier rocailleux,
De leur aspect sauvage épouvantent les yeux.
Tel en deçà de Trente un débris de montagne,
        Par l'effet d'un éboulement
        Ou d'un terrestre tremblement
Détaché du sommet, roulant sur la campagne,
    Frappe l'Adige ; et l'on n'oserait pas,
        Fût-on doué d'un courage intrépide,
        Franchir l'escarpement rapide :
Tel l'effrayant sentier qui s'offrait à nos pas.
Gardien de ces rochers, étendu sur leur crête,
        Le monstre opprobre de la Crête,

Qu'une fausse vache conçut,
Semblable au furieux que la rage pénètre,
   Aussitôt qu'il nous aperçut
   Se mordit lui-même ! Mon maître
   S'approchant lui cria :
                  « Peut-être
En lui tu crois revoir ce chef athénien,
  Qui, par ta sœur instruit, t'ôta la vie;
   Non. Retire-toi, monstre : il vient
Pour voir de quels tourments ici l'on vous châtie. »

   Près de mourir le taureau se délie,
Entraîné par le coup qu'il a reçu déjà,
Il ne peut se tourner et bondit çà-et-là [1];
Le Minotaure ainsi reculait, et le sage
   Me cria :

        « Cours vite au passage :
Tant que sa fureur dure il faut te dépêcher. »

Et par l'escarpement nous mettant à marcher,
   Chaque pierre qu'aux pieds je foule,
   Sous leur poids inconnu s'éboule.
   J'allais ainsi réfléchissant,
Et mon maître me dit :
             « Tu réfléchis sans doute
   Aux ruines de cette route,
Dont je viens d'apaiser le gardien frémissant ?
Alors qu'une autre fois de la triste demeure
   Je parcourus les cercles jusqu'au bout,

---

[1] Çà-et-là me paraît ne former qu'un mot; dès lors je ne le crois pas soumis à la loi prosodique de l'*hiatus*.

6.

Apprends que cette roche était encor debout ;
Mais s'il m'en souvient bien peu de temps avant l'heure
Où du premier contour le vainqueur de l'enfer
Ravit le grand butin conquis sur Lucifer ,
Les gouffres infernaux de toutes parts tremblèrent ;
 Et les éléments me semblèrent
Tomber, en s'attirant, dans ce fatal repos ,
Qui plusieurs fois, dit-on, ramena le chaos.
L'antique roche alors tressaillit éboulée.
 Mais regarde dans la vallée :
 Voici le fleuve aux flots sanglants ,
Où fléaux du prochain bouillent les violents. »

 Transport aveugle, ô colère, folie
 Qui trouble notre courte vie
Et nous plonge à jamais dans l'horrible séjour !
Le fleuve dans son arc embrasse le contour,
 Ainsi que l'avait dit Virgile.
 Entre le sang et les bords, à la file,
Des centaures nombreux couraient armés de traits ,
 Semblant encor chasser dans nos forêts ;
 En nous voyant descendre ils s'arrêtèrent,
 Puis bientôt trois se détachèrent :
 Leurs arcs, leurs javelots sont prêts.
De loin l'un d'eux cria :

    — Pour quel martyre
Descendez-vous de ce rocher ?
Parlez, mais faites halte, ou sinon moi je tire. —

Mon maître lui répond :

    « Laisse-nous approcher,
 A Chiron nous allons tout dire.

En toi la fougue eut toujours le dessus ! »

Puis me touchant il me dit :

« C'est Nessus,
Mort pour la belle Déjanire,
Il sut venger lui-même son affront.
Et celui du milieu qui baisse ainsi le front
Est Chiron, gouverneur d'Achille :
L'autre est Folus dans sa rage si prompt.
Cotoyant le fleuve par mille,
De leurs flèches ils vont perçant
Les rebelles damnés qui sortent trop du sang. »

Comme nous approchions de l'escadron agile,
Chiron, prenant un dard qu'à sa barbe il porta,
En arrière la rejeta ;
Quand il eut découvert sa monstrueuse bouche,
Il dit aux centaures hideux :

— Ne remarquez-vous pas que le dernier des deux
Met en mouvement ce qu'il touche ?
Son pied n'est pas semblable aux pieds des morts ! —

Virgile, qui lui vient au poitrail où le corps
De l'homme et du cheval unit les deux natures,
Répond :

« Il vit ; un ordre impérieux
Et non un désir curieux,
Me fait le guider seul à travers les tortures.
Une âme, suspendant l'heureux *alleluia*,
Pour le conduire m'envoya.
Nous ne fîmes de tort l'un ni l'autre à personne.
Mais au nom du pouvoir divin

Qui dirige mes pas dans cet affreux chemin,
    Fais-nous accompagner; ordonne
Qu'on nous montre où le fleuve est facile à passer,
    Et qu'un centaure de ta troupe,
    Recevant ce mortel en croupe,
L'emporte dans les airs qu'il ne peut traverser. »

    — A toi, Nessus, cette charge nouvelle,
Conduis ces voyageurs, et si quelque escadron
    Les attaquait, je compte sur ton zèle. —

Se tournant à sa droite, ainsi parla Chiron.
    Nous suivons le guide fidèle
Le long de la rivière au flot rouge et bouillant;
    Tout un peuple y brûle en criant.
    Jusques aux cils le fleuve les dévore.

    — Là les tyrans, nous dit le grand centaure,
Gémissent pour le meurtre et pour le vol punis :
    Là sont Alexandre, et Denis
Qui longtemps sous le joug de sa puissance affreuse
    Tint la Sicile malheureuse.
L'ombre aux cheveux si noirs qui lui couvrent le front
    Est Azzolino : l'autre blond,
    Obizzo d'Est : une main parricide,
    Sur terre étouffa ce maudit. —

Comme je regardais le poëte, il me dit :

«Maintenant avant moi c'est Nessus qui te guide. »

    Un peu plus loin le monstre s'arrêtant,
    A la hauteur d'une foule agitant
Hors du fleuve écumeux sa tête tout entière,

Dit, en nous désignant une ombre meurtrière
    Qui se tenait seule à l'écart :

    — Celui-ci d'un coup de poignard,
    En face de Dieu, dans l'église,
Perça le cœur qu'honore la Tamise. —

D'autres n'avaient du sang qu'à la moitié du corps ;
J'en reconnus plusieurs. Et de plus en plus basse,
Cette rivière enfin s'arrête aux pieds des morts ;
    C'est à ce point là qu'on me passe.

— Puisque de ce côté la source va baissant,
    Comme tu vois, dit le centaure,
    Vers le point opposé le sang
Bout toujours plus profond, puis plus profond encore
    Jusqu'à l'endroit qui réunit
Tous les tyrans. C'est là qu'un Dieu juste punit
    Attila fléau de la terre,
Et Pyrrhus et Sextus ; et, répandant des pleurs
Arrachés par le flot bouillant qui les enserre,
Renier de Corneto, Renier Pazzo, voleurs
Qui sur les grands chemins promenèrent la guerre.—

    Le centaure alors nous laissa,
    Et retournant par le gué, repassa.

CHANT XIII.

Second giron du deuxième cercle. — Forêt sans verdure. — Harpies. — Là, dans les arbres ou les buissons, souffrent emprisonnées les âmes des suicides. — Supplice des dissipateurs. — Pierre des Vignes.

⫷◇⫸

Avant qu'il eût franchi le fleuve qui bouillonne,
Nous parcourions un bois horrible à voir :
    Aucun sentier ne le sillonne:
Là, pas un rameau vert, le feuillage est tout noir ;
Les branches ne sont pas égales, élancées,
    Mais noueuses, entrelacées.
  Là, point de fruits, mais épines, poisons.
Des bords de la Cécine à Corneto, les bêtes
Qui haïssent les lieux où croissent les moissons,
    Ont de moins sauvages retraites.
    Dans l'épaisseur de ces buissons
    Font leurs nids les sales harpies,

Qui par leurs présages impies
Des Strophades jadis chassèrent les Troyens :
Ces monstrueux oiseaux , avec de larges ailes
    Et des pieds aux serres cruelles ,
    Ont le col et les traits humains :
  Leurs vastes flancs sont couverts de plumage
Et le bois retentit de leur triste ramage.

    « Plus loin avant de pénétrer ,
Dit le bon maître, apprends que nous venons d'entrer
Dans le second giron qui s'étend jusqu'au sable.
    Regarde bien , ce qu'ici tu verras ,
A peine mon discours te l'eût rendu croyable. »

J'entendis cependant une plainte effroyable ;
Mais ceux qui la poussaient je ne les voyais pas.
    Je m'arrête éperdu ; mon maître ,
    S'étant imaginé peut-être
    Que selon moi les cris venaient
    D'ombres qui de nous se cachaient ,
Me dit :

    « La vérité si tu veux la connaître ,
Casse un de ces rameaux. »

                Alors , levant la main ,
D'un grand arbre j'arrache une branche , et soudain
Le tronc s'écrie :

           — Hélas ! qui donc me frappe ? —

Cependant un sang noir s'échappe !

— Me briser ! Es-tu donc sans pitié pour nos maux ?
D'hommes que nous étions , devenus végétaux ,

Quand nous aurions été des serpents sur la terre ,
  Ta main devrait nous être moins contraire. —

    Le tison vert qui brûle d'un côté ,
Pleure par l'autre bout de la séve humecté
    Et l'air en sifflant se dégage ;
    Ainsi de ce morceau de bois
Les paroles, le sang s'échappaient à la fois.
Comme un homme interdit je tremble à ce langage
Et je laisse tomber la branche. Mais le sage
    Répond :

      « Toi qu'il déchire, ô mort !
    Il ne t'eût pas fait cet outrage ,
    S'il eût pu croire tout d'abord
    Ce qu'il a vu dans mon ouvrage.
    Mais votre incroyable tourment
M'a fait lui conseiller de rompre cette branche ,
    Et j'en suis affligé vraiment.
    Pour te consoler, en revanche ,
    Au sein du monde revenu ,
Il rendra sa splendeur à ton nom méconnu ;
    Dis-lui qui tu fus sur la terre. »

— Ce langage est si doux que je ne puis me taire ,
    Reprend l'arbre ; et mon long récit
    Puisse-t-il ne pas vous déplaire !
    De Frédéric c'est moi qui fus l'ami ;
Des deux clefs de son cœur moi seul dépositaire ,
    Je le fermais et l'ouvrais à mon gré ;
    Nul autre homme au même degré
N'obtint, ne mérita sa noble confiance.
Je remplis mon devoir en toute conscience ,

Mon sang et mon sommeil en perdirent leur cours.
 La courtisane, qui toujours
 Au palais de César étale
 Son assiduité vénale,
 Mort commune et vice des cours,
Enflamma contre moi son homicide rage;
Auguste écoutant trop des avis suborneurs,
En opprobre changea ma joie et mes honneurs :
Innocent, mais rempli d'un orgueilleux courage,
Croyant fuir dans la mort un injuste dédain,
Je portai sur moi-même une coupable main.
J'en jure de ce bois la racine nouvelle,
 Jamais je ne fus infidèle
 A mon seigneur digne d'être honoré.
Que celui de vous deux qui remonte à la vie
 Relève mon nom, atterré
 Du coup que lui porta l'envie. —

Le poëte me dit, après quelques instants :

« Puisqu'il ne parle plus, toi, sans perdre de temps,
 Demande-lui ce que tu veux connaître. »

Je répondis :

  Tu sais tous les désirs que j'ai ;
Interroge-le donc toi-même, ô noble maître ;
Moi je ne le pourrais, tant je suis affligé.

 Il reprend :

  « Ombre emprisonnée,
Ce mortel noblement remplira tous tes vœux ;
 Mais au moins dis-nous, en ces nœuds
 Comment votre âme est enchaînée.

7

Dis-nous encor, sans doute tu le peux,
Si de membres pareils l'âme un jour se dégage. »

Alors du tronc s'échappe un souffle impétueux
    Qui se transforme en ce langage :

    — Vous répondant, je serai court.
    Lorsque , par un effort barbare,
Du corps qu'elle habitait notre âme se sépare ,
    Minos l'envoie au septième contour ;
Au sein de la forêt, sans y choisir sa place ,
    Elle tombe où le sort la chasse :
    Comme toute graine elle vient,
    Germe, lève, pousse, devient
    Plante, puis arbre : les harpies
    Se nourrissent de nos rameaux,
Et tout en les causant font passage à nos maux.
    Avec tous les autres impies
Pour reprendre nos corps chacun de nous viendra ;
    Mais nul ne s'en revêtira.
    Du suicide juste peine !
Ce qu'on a rejeté ne peut être rendu ;
Jusqu'au triste bois donc il faudra que l'on traîne
    Son corps qui sera suspendu
    A l'arbre affreux qui nous enchaîne. —

    Croyant qu'il va continuer,
Nous écoutons encore... Une rumeur soudaine
    Nous frappe. Ainsi quand vient le sanglier
    Et la meute qui le pourchasse,
L'homme entend, de l'affût qu'il choisit pour la chasse,
Le feuillage bruïre et les chiens aboyer.
Voilà que deux esprits, sur la gauche, traversent,

Nus, déchirés, fuyant si fort,
Qu'ils brisent les rameaux de la forêt qu'ils percent !
  Et le premier :
        — Accours, accours, ô mort. —

Et l'autre, se voyant ralenti dans sa fuite,
  Criait :
        — Tes jambes, ô Lano !
Avaient un vol plus lourd au combat de Toppo. —

Puis derrière un buisson hors d'haleine il court vite,
Espérant s'y cacher ou s'en faire un rempart.
  A leur piste de toute part
  Des meutes de chiennes courantes
  S'élançaient noires, dévorantes
  Comme des lévriers lâchés.
Les chiennes le trouvant, sous leurs dents implacables
Le mettent en lambeaux pièce à pièce arrachés ;
Puis emportent au loin ses restes déplorables.
  Mon guide alors au buisson déchiré
Me conduit par la main : il pleurait ses morsures,
  Et par ses sanglantes blessures
  Disait :
        — Jacques de Saint-André,
Ne suis-je pas innocent de tes crimes ?
De mes branches pourquoi te faire un vain secours ?—

Et mon maître, penché vers ses modestes cimes,
Dit :

  « Qui donc étais-tu quand t'éclairaient les jours,
O toi, dont les rameaux, innombrables victimes,
Soufflent avec le sang un douloureux discours ? »

—Esprits, dit-il, témoins de cet indigne outrage,
   Qui loin de moi disperse mon feuillage,
Daignez le recueillir au pied de mon buisson.
Je suis de la cité qui contre Jean-Baptiste
    Échangea son premier patron :
A Mars depuis ce temps à peine elle résiste.
Sur le pont de l'Arno, si du moins un débris
    Ne daignait encor les défendre,
    Ses murs qu'Attila mit en cendre,
   Auraient été vainement rebâtis.
Dans ma maison, pour moi, je me pendis. —

CHANT XIV.

Troisième giron du septième cercle. — Sable brûlant ; pluie de feu. — Capanée. — Le grand vieillard de Crète. — Mystérieuse origine des fleuves de l'Enfer.

≋◇≋

Et l'amour du pays de tout mon cœur s'empare :
Je ramasse et remets les branches au buisson,
Dont la voix n'est déjà qu'un rauque et faible son.
Bientôt nous arrivons à l'endroit qui sépare
Du bois si douloureux le troisième giron.
　　OEuvre de justice effrayante !
Pour décrire l'aspect de ce nouvel enfer,
Je dis que nous venons en un pays désert
　　Où ne pousse pas une plante.
　　La forêt que ceint l'eau bouillante
　　Du giron couronne l'abord,
　　Nous nous arrêtons tout au bord.

Le sable qui remplit ces landes désolées,
Profond comme la mer, ardent comme le feu,
   Rappelle ces plaines foulées
Par le dernier Caton. O vengeance de Dieu!
Qu'ils doivent redouter les peines que j'ai vues
   Ceux qui les lisent dans mes vers!
   J'ai vu des troupes d'ombres nues ,
Tristes, pleurant en proie à des tourments divers :
   Les uns gisaient renversés sur le sable,
D'autres restaient assis tout repliés sur eux ,
D'autres enfin couraient la course interminable :
Cette dernière foule est plus considérable ;
   Mais les premiers , qui sont les moins nombreux ,
   Poussaient des cris plus douloureux.
   Une pluie éternelle et lente
Descend en larges feux sur la terre brûlante.
Dans les Alpes ainsi, par les vents apaisés,
   La neige tombe à flocons. Alexandre
   Ainsi dans l'Inde aux climats embrasés,
A terre sur son camp vit des flammes descendre ;
Mais pour que la vapeur ne le pénétrât pas
Et s'éteignît n'ayant plus d'autre aliment qu'elle ,
Il fit fouler le sol aux pieds de ses soldats ;
   Ainsi pleut la flamme éternelle.
Comme l'amorce brûle et nourrit l'étincelle ,
   Le sable même s'enflammant
   Double les feux et le tourment.
De leurs membres brûlés toutes les mains s'empressent
   A secouer les flammes qui renaissent.

Toi qui sus vaincre tout, ô mon maître ! excepté
Les fiers démons sortis aux portes de Dité,

Quel est donc ce géant couché sous l'incendie,
Qui, si hautain, paraît le braver d'un regard
    Ferme, dédaigneux et hagard?

Lui-même comprenant ma demande s'écrie :

— Au monde tel je fus, tel je suis en enfer.
    Que le terrible Jupiter
Lasse son forgeron et prenne avec furie
    Le trait mortel qui me perça;
    Que tour à tour lassant encore
    Les noirs ouvriers de l'Etna,
Il s'écrie : *O Vulcain, à l'aide, je t'implore !*
Que de toute sa force, ici comme à Phlègra,
    Son bras tout-puissant me foudroie,
    De me soumettre il n'aura pas la joie. —

    Alors Virgile lui parla
Plus vivement, je crois, qu'il n'eût fait jusque-là.

« Capanée, endurci dans ton orgueil extrême,
    Tu redoubles ton châtiment;
On n'imagine pas un douloureux tourment
Égal à ta fureur, hors ta rage elle-même. »

Puis vers moi se tournant, d'une plus douce voix
    Il ajouta :

    « Ce fut l'un des sept rois
    Qui de Thèbes firent le siége.
Il n'a, n'eut et n'aura pour Dieu que des mépris;
Mais, comme je disais, de son cœur sacrilége
    Ces dédains sont le juste prix.
Suis mes pas sans marcher où le sable s'allume,
    Ne quitte pas le bois. »

Nous arrivons où sort
De ce bois un ruisseau qui fume.
La rougeur de son eau me fait frémir encor !
Il traverse en son cours la plaine flamboyante,
Comme la source d'eau bouillante
Jaillit et partage ses feux
Aux impures des mauvais lieux.
Les deux berges, le lit, les bords de la rivière,
Étaient devenus tout de pierre.
Je sens que ce passage à nos pas est offert.

« Depuis que par le seuil à tout mortel ouvert
Nous avons pénétré dans le gouffre implacable,
Je ne t'avais fait voir rien d'aussi remarquable
Que ce ruisseau, sans cesse amortissant
La flamme qui sur lui descend. »

Ainsi parle mon guide. Et moi :

Je t'en supplie,
O maître ! qu'il soit contenté
Dans mon âme par toi le désir excité ?

Et mon attente est aussitôt remplie :

« Il est au sein des mers un pays dévasté,
La Crète : sous son roi dans la simplicité
Vécut jadis le monde : et de bois couronnée
Par de frais ruisseaux sillonnée,
S'élève une montagne, on la nomme l'Ida ;
Mais maintenant flétrie elle est abandonnée.
Comme au lieu le plus sûr jadis Rhée y garda
Jupiter enfant : inquiète,
Quand il pleurait pour mieux cacher son fils,
Elle y faisait pousser des cris.

Là, tournant le dos à Damiette,
Sur Rome, son miroir, attachant le regard,
Se tient debout le grand vieillard.
Sa tête est d'or, d'argent ses bras et sa poitrine,
Ses flancs d'airain, en fer il se termine;
Mais son pied droit est fait d'argile, et sur ce pied
Plus que sur l'autre il se dresse appuyé.
Excepté l'or, tout est plein de fissures;
Goutte à goutte des pleurs tombent, percent le mont,
Puis, se réunissant à ces gorges impures,
Y forment l'Achéron, le Styx, le Phlégéton,
Par cet étroit canal descendent jusqu'au fond,
Et se perdent dans le Cocyte.
A cet étang quand tu viendras,
Tu verras quel il est, je ne t'en parle pas. »

Si ce ruisseau du monde ainsi se précipite,
Comment donc n'a-t-il pas encor frappé mes yeux,
Dis-je alors ?

« Tu sais que ces lieux
Sont d'une forme ronde; ainsi, répond le sage,
En appuyant à gauche entré dans ce contour,
D'un cercle entier tu n'as pas fait le tour.
Si continuant ton voyage
Quelque nouvel objet vient frapper tes esprits,
Tu ne devras donc pas en être trop surpris. »

J'ajoutai :

Maître, où dirigent leur course
Le Phlégéton formé par cette source,
Et le Léthé dont tu ne me dis mot ?

« J'aime tes questions, répond-il aussitôt ;
    Mais les eaux rouges et bouillantes
  Auraient bien dû t'éclairer sur un point.
Tu verras le Léthé, non ici, mais plus loin,
    Où des douleurs purifiantes
l'unissent les péchés remis au repentir.
Viens sur mes pas, du bois il est temps de partir :
Suivons ces bords, les feux jamais ne les atteignent,
    Au-dessus les vapeurs s'éteignent. »

CHANT XV.

Ombres dépravées parmi lesquelles Dante reconnaît Brunetto La-
tini. — Terrible prédiction que lui fait son ancien maître.

Nous cheminons sur l'un des bords durci,
  Et les brouillards qui couvrent la rivière
Protégent à la fois les ondes et la pierre.
Entre Bruge et Cadsant, par une digue ainsi,
  Lorsque les flots vont envahir la terre,
Les Flamands effrayés repoussent l'Océan.
Le long de la Brenta, le peuple padouan,
Quand tient encor la neige aux flancs de ses montagnes,
Défend par ses travaux et châteaux et campagnes;
Quel qu'ait été ce maître, à la source il bâtit
Un bord semblable, mais moins large et plus petit.
Déjà l'on ne voit plus la forêt en arrière,
Une foule de morts vient le long de la pierre,

Nous regardant, ainsi qu'on cherche à s'entrevoir,
Quand la nouvelle lune aux cieux paraît le soir.
Chacun clignant de l'œil aiguisait sa pupille ,
Comme le vieux tailleur enfilant son aiguille.
L'un d'eux me reconnut, prit mon manteau, soudain
S'écria : *Quel prodige!* et me tendit la main.
Et moi, fixant les yeux sur cette âme embrasée ,
Malgré le masque affreux de son visage ardent ,
Je retrouvai ses traits au fond de ma pensée,
Et j'abaissai la main sur son front, répondant :

      Vous ici, Brunetto ?
                — De grâce
Que Brunetto, laissant cette file qui passe,
Puisse un moment, dit-il, retourner avec toi. —

  Je vous en prie, autant qu'il est en moi.
Voulez-vous nous asseoir ? J'y consens, si mon maître
Qui m'accompagne ici veut bien me le permettre.

— Celui de nous qui tarde un moment arrêté,
Sans bouger tout un siècle étendu sur le sable,
Reçoit les dards du feu qui tombe intarissable.
Avance donc, j'irai, mon fils, à ton côté,
Et puis je rejoindrai ma troupe criminelle,
  Qui va pleurant sa douleur éternelle. —

  Je n'osais pas, quittant le sol pierreux,
Descendre à son niveau dans la brûlante arène ;
Mais j'inclinais vers lui mon front respectueux.

  — Quelle fortune surhumaine,
    Demanda-t-il, ou quel destin
Avant le dernier jour en ces bas lieux t'amène ?

Quel est celui qui t'ouvre le chemin ? —

Je réponds :

Dans la vie et riante et sereine,
Quand la moitié de ma course est prochaine,
Au fond d'un val je me perds ! Hier matin
J'en veux sortir, mais la peur m'y renvoie.
Alors m'apparaissant ce poëte béni
Pour remonter au jour m'enseigne cette voie.

— Eh bien ! reprend Brunetto Latini,
Vivant, de tes destins si j'ai percé le voile,
Laissant guider ta marche au vol de ton étoile,
Tu ne peux qu'arriver en un glorieux port.
Avant le temps si je n'étais pas mort,
Voyant sur toi du ciel la bénigne influence,
J'aurais encouragé ton effort vertueux ;
Mais l'ingrate et maligne engeance,
Qui descend de Fiésole, où vivaient ses aïeux,
Dure comme le mont et ses rocs sourcilleux,
Poursuivra ta vertu de toute sa vengeance.
Et c'est juste ; en effet le doux fruit des figuiers
Ne vient pas au milieu des acides cormiers.
Les *aveugles !* (ce nom est devenu proverbe.)
Garde-toi, rejetant leurs vices de ton cœur,
D'être comme eux avare, envieux et superbe.
Les deux partis, le sort te garde tant d'honneur,
Auront faim de t'avoir, mais loin du bec tiens l'herbe.
Que ces stupides Fiésolains,
D'eux-mêmes fassent leur pâture,
Et qu'ils n'outragent pas, né dans leur pourriture
Un digne rejeton de ces anciens Romains
Restés quand fut fait sur la terre

De tant d'iniquité ce déplorable nid. —

Si le ciel eut, repris-je, exaucé ma prière,
Vous n'eussiez pas du monde été sitôt banni ;
Car dans mon triste cœur j'ai souvenir fidèle
De votre chère bonne image paternelle.
Sur terre, ô Brunetto ! jamais ne vous lassant,
Vous m'enseigniez comment l'homme s'immortalise ;
Le gré que vous en sait mon cœur reconnaissant,
Toute ma vie il faut que ma bouche le dise.
Ce que vous m'annoncez touchant mon avenir,
O messer Brunetto ! j'ai dû le retenir,
Pour le communiquer avec un autre oracle
A celle qui du faux distinguera le vrai ;
Si je peux jusque-là surmonter tout obstacle.
Mais vous, n'en doutez pas, autant que je vivrai
        En paix avec ma conscience ,
Quelle que soit du sort la maligne influence,
        Je suis prêt à subir sa loi ;
Ce gage de malheur n'est pas nouveau pour moi.
    Qu'ils tournent donc, la fortune sa roue
    Comme il lui plaît, et le manant sa houe.

Mon maître vers la droite, en arrière penché,
Me dit alors, sur moi le regard attaché :

   « Bien retenir, c'est prouver qu'on écoute. »

Néanmoins en parlant, poursuivant notre route,
A messer Brunetto je demande les noms
        De ses principaux compagnons.

—Quelques-uns, oui, dit-il, je veux te les apprendre,
    Les nommer tous, je ne peux l'entreprendre,

La liste en serait longue et les moments sont chers.
Sache en un mot que tous ont été clercs,
Et grands lettrés, et fameux dans le monde ;
Mais le même péché souilla leur âme immonde.
Priscien, François d'Accorso.
Courent tristes au sein de cet impur troupeau :
Et si d'en savoir plus le désir t'aiguillonne,
Je nommerai celui d'entre les réprouvés
Que le pontife, en qui l'humble pouvoir rayonne,
Transféra de l'Arno sur le Bacchiglione [1]
Où gît son corps aux nerfs tendus et dépravés.
Vainement je voudrais poursuivre,
Je ne peux plus te parler ni te suivre ;
Car du sable s'élève un nouveau tourbillon,
De nous s'approche un autre bataillon,
En hâte il faut que je l'évite.
Un mot seulement, mon *Trésor*,
Je te le recommande ; en lui je vis encor. —

Il dit, part, s'en retourne vite.
On croirait qu'à Vérone il court le Pallio vert
Au sein de la vaste campagne.
Il ressemble à celui qui gagne,
Et non pas à celui qui perd.

[1] On prononce Backilione.

CHANT XVI.

Rencontre de Guidoguerre, Tegghiaïo et Rusticucci, illustres
guerriers de Florence. — Dante converse avec eux. — Le monstre,
image de la Fraude, apparaît sur un signe de Virgile.

Nous entendions déjà gronder à nos oreilles
    Comme un bourdonnement d'abeilles ;
L'eau dans un autre cercle ainsi tombe avec bruit.
Trois ombres cependant du bataillon qui fuit,
Sous les flocons brûlants dont le feu les pénètre,
    En courant sortent à la fois,
    Viennent à nous, s'écriant toutes trois :

— Un moment ; tes habits nous font te reconnaître
    Pour l'un de nos concitoyens. —

Ah ! quels membres affreux ! Cicatrices cruelles,
    Brûlures vieilles et nouvelles !

Je souffre encor lorsque je m'en souviens.
 De leurs cris frappé, le poëte
Vers moi se tourne et me dit :

       « Si tu veux
 Être favorable à leurs vœux,
 Que près d'eux ta marche s'arrête ;
 Et n'étaient les horribles traits
Dont le sable est brûlé, mon fils, je te dirais
Que tu dois le premier marcher à leur rencontre. »

 Nous nous arrêtons ; les pêcheurs,
Recommençant soudain leurs antiques clameurs,
S'avancent vers le bord, et quand ils sont tout contre,
Tourbillonnent tous trois en cercle retenus.
 Tels les lutteurs, d'huile frottés et nus,
Observent avec soin, pour prendre l'avantage,
 Où doit tomber leur premier coup,
 Avant que la lutte s'engage ;
Tels, sans cesser vers moi de tenir leur visage,
 Tournaient ces malheureux ! Leur cou
Ne suivait pas les pieds dans l'éternel voyage !

 — Si les douleurs de ce sable mouvant,
Dit l'un ; si notre aspect hideux et repoussant,
Te font nous rejeter, nous et notre prière,
Que notre nom illustre où brille la lumière
T'engage à révéler le tien, toi qui, vivant,
Traverses d'un pied sûr l'infernale carrière.
Celui-là dont je suis la trace, que tu vois
Nu, brûlé, fut jadis plus grand que tu ne crois :
 Neveu de Gualdrada, sur terre
 Sous le beau nom de Guidoguerre,

Il brillait au conseil comme dans les combats.
L'autre, qui court foulant le sable sur mes pas,
    Est Tegghiaïo, sa mémoire
D'un nom fameux là-haut mériterait la gloire.
Et moi qui mis en croix avec eux souffre ici,
    Je fus Jacques Rusticucci ;
Je dois mes maux surtout à ma cruelle femme. —

    Ah ! n'eût été l'ardente flamme,
Je me précipitais vers ces tristes amis :
    Mon guide, je crois, l'eût permis ;
Mais de ces feux cuisants j'aurais été la proie ;
Malgré tout mon désir la peur m'ôta la joie,
    Le bonheur de les embrasser.

    Moi, leur dis-je, vous mépriser !
J'éprouverai longtemps la pitié que m'inspire
    Votre épouvantable martyre.
Elle a frappé mon cœur, dès que j'ai pu prévoir
    Sur les paroles de Virgile,
    Qu'au milieu d'une troupe agile
Vous arriviez et que j'allais vous voir.
    Nous avons la même patrie,
    La gloire, qui vous a conduits,
Fut toujours dans mon âme honorée et chérie.
J'abandonne le fiel, et vais à ces doux fruits
    Que m'a promis le véridique maître ;
Mais jusqu'au fond d'abord il faut que je pénètre.

—Puisses-tu, reprend l'ombre, encor vivre longtemps,
Et ton nom se mêler aux renoms éclatants !
Dis-nous, comme autrefois, si l'honneur, le courage
    Sont de Florence le partage :

N'en reste-t-il rien en effet ?
Nous nous inquiétons aux récits que nous fait
Borsiéré , que la mort vient d'enlever aux hommes ,
Et qui souffre nos maux dans le groupe où nous sommes

    Race nouvelle et gains subits
    Ont engendré dans le pays
    L'orgueil et le luxe : ô Florence,
    Il n'est plus pour toi d'espérance.

Je parlais en criant , l'œil et le front levés ;
    A ces mots les trois réprouvés
Se regardent ainsi que le vrai le fait faire ,
Et disent :

    — Sois heureux d'être à ce point sincère :
Qu'il ne t'en coûte pas pour satisfaire autrui
    Une autre fois plus qu'aujourd'hui.
Si , sortant de ces lieux couverts de sombres voiles,
    Tu revois les belles étoiles :
Quand tu raconteras tes spectacles divers ,
Ah ! daigne rappeler nos noms à l'univers. —

    Puis courant ces plaines cruelles ,
Ils s'échappent légers , ne tourbillonnent plus ,
    Leurs jambes me semblent des ailes ,
Le temps de dire *amen* ils étaient disparus.
Et le maître reprend nos pas interrompus.
    Bientôt l'eau tombe si prochaine
Que la voix dans le bruit ne s'entendrait qu'à peine.
    Tel à gauche de l'Apennin
Le fleuve , qui se fait lui-même son chemin ,
Et qui vers l'orient de Montevèse coule ,

S'appelle Aqua-Chéta, jusqu'à ce qu'il s'écoule,
Devallant à la plaine, en son paisible lit :
     Puis, changeant de nom à Forli ,
Sur San-Benedetto retentissant il roule
Des Alpes, pour tomber immense d'un seul pli
Aux lieux où l'on devrait le recevoir en foule ;
Tel du bord escarpé l'eau rouge avec fracas
Tombe : ce bruit bientôt blesse par ses éclats.
La corde, qui devait (téméraire pensée !)
Me livrer la panthère à la peau nuancée ,
De mon maître suivant les ordres souverains ,
     Je la détache de mes reins ,
Et puis la lui remets en anneaux ramassée.
La corde loin du bord sur la droite lancée
Vole au fond de l'abîme où tombe le ruisseau.
Et je dis en moi-même :

                  A quelque objet nouveau
    Je dois m'attendre ; car mon guide
    Suit de l'œil ce signal rapide.

    Ah ! qu'on doit être retenu
    Auprès de celui qui pénètre
Outre les actions tous les cœurs mis à nu !

« Sur le bord, me dit-il, tu vas voir apparaître
Ce que j'attends : il faut découvrir à tes yeux
    L'objet auquel ton esprit songe. »

L'homme doit , s'il le peut , rester silencieux ,
    Quand le vrai ressemble au mensonge ,
  Car sans mentir on passe pour menteur ;
Mais je ne peux ici me taire, cher lecteur :
J'en jure par les vers de cette comédie,

Si le public amour lui prête longue vie :
    J'ai vu venir dans l'air obscur, épais,
      Une figure inconcevable ,
Capable d'émouvoir qui ne s'émut jamais!
      Elle monte en nageant, semblable
    Au matelot, qui vient de détacher
L'ancre que retenait sous la mer un rocher
      Ou tout autre objet qu'il soulève ,
Lorsque frappant du pied il s'allonge et s'enlève.

CHANT XVII.

Virgile sur le monstre appela mes regards :

« Sa queue ouvre les monts, brise armes et remparts,
    Me dit-il : c'est la bête immonde
Qui de son souffle impur empoisonne le monde. »

A ces mots il fait signe au monstre d'approcher
    Du roc où nous pouvions marcher.
Emblème de la fraude, on le voit jusqu'au buste
S'élever et venir ; mais sa queue en dessous
Plonge cachée : il a le visage d'un juste

Et l'aspect bienveillant et doux ,
Le reste est d'un serpent : ses bras jusqu'aux aisselles
Sont velus : sa poitrine , et son dos et ses flancs ,
Resplendissent semés de nœuds et de rondelles :
Tissus mogols ou turcs ne sont pas plus brillants ,
Et toiles d'Arachné n'étaient pas aussi belles.

    Comme un canot que l'on amarre au bord
Est à moitié dans l'onde , à moitié sur la terre ;
Chez les Germains gloutons comme le bièvre encor
      Se campe pour faire sa guerre ;
      De même l'affreux animal ,
      Hippocrite emblème du mal ,
Se tient au bord pierreux de la plaine enflammée ,
Dans le vide agitant sa fourche envenimée ,
Dont le bout recourbé s'arme d'un aiguillon
      Pareil au dard du scorpion.

« Il faut faire un détour , dit alors le poëte ,
      Pour arriver près de la bête
      Qui s'étend hideuse là-bas. »

Descendus de la pierre , à droite nous tournâmes ,
      Et sur le bord fîmes dix pas ,
Nous garant à la fois et du sable et des flammes.
Près du monstre arrivé je vois , un peu plus loin ,
    Vers le penchant de la plaine accroupies
      Des nations d'ombres impies.
Et celui qui de moi prend un si tendre soin ,
Me dit :

    « Pour remporter au sein de la lumière
    De ce giron la connaissance entière ,
Examine quel sort les tourmente , va , cours ;

Mais que tes entretiens soient courts.
Je verrai cependant si ce monstre à l'air juste
   Nous prêtera son épaule robuste. »

Seul, à l'extrémité du septième contour,
Je marche vers le peuple accroupi sans retour.
On conçoit leur martyre aux larges pleurs qu'ils versent;
Leurs mains, faible secours, repoussent et dispersent
Ou l'incessante flamme ou les sables brûlants.
   Tels dans l'été les chiens hurlants,
Quand les puces, les taons ou les mouches les piquent,
Du museau, de la patte, à les chasser s'appliquent.
Mon regard attentif se promène au milieu
De tous ces morts livrés au supplice du feu,
Je n'en connais aucun : à leur cou suspendue
Une bourse semblait repaître encor leur vue !
Sous diverses couleurs divers objets tracés
S'y peignent attirant mes regards empressés ;
   Sur l'une à l'étoffe dorée,
La forme d'un lion se dessine azurée ;
   Et plus loin mon œil s'avançant
Distingue sur un fond plus rouge que le sang
Une oie en argent pur qui blanche se détache ;
L'un d'eux (sa bourse offrait dans sa couleur sans tache
Une truie azurée et prête à mettre bas),
  Me dit :

      — Pourquoi porter ici tes pas ?
Va-t-en; mais puisqu'encor tu gardes l'existence,
Sache que mon voisin Vitaliano viendra,
   Et qu'à ma gauche il s'assiéra.
Padoue est mon pays, eux qui sont de Florence
  Me rendront sourd à force de crier :

« Viens, notre souverain, illustre chevalier,
« Viens, la bourse aux trois becs.»

                              Après cette harangue,
Lui de tordre la bouche et de tirer la langue,
        Ainsi que le font les taureaux
        Quand ils se lèchent les naseaux.
Averti de n'avoir qu'un entretien rapide,
        Je crains de déplaire à mon guide,
Et le rejoins quittant le peuple harassé.
Sur la croupe déjà Virgile était placé :

« Sois courageux, hardi ; car, dit-il, pour descendre
        Nous n'avons pas d'autre escalier à prendre.
Entre la queue et toi je me tiens, l'animal
Ne peut tenter ainsi de te faire aucun mal. »

Quand du fiévreux retour l'heure fatale sonne,
        L'ongle pâlit, le malade frissonne,
S'il reste en un lieu frais il grelotte et transit :
Cet ordre tout d'abord me fait trembler ainsi ;
        Mais la honte me rend plus brave,
        L'œil d'un bon maître enhardit son esclave.
J'enfourchai l'animal et m'assis sur son dos.

Maître, voulus-je dire, ah ! que tes bras m'entourent.

Mon impuissante voix me refusa les mots !
Mais lui (ses soins encore une fois me secourent),
        Dès que je suis monté, me tient,
Me dresse, m'affermit, m'embrasse et me soutient ;
Puis il dit :

        « Géryon, va maintenant, au large ;
                                    9

Fais de vastes circuits , descends-nous sans effort ,
　　Et pense à ta nouvelle charge. »

　　　L'esquif, se détachant du bord ,
　　　S'éloigne lentement d'abord
　　　Et quelque temps vogue en arrière,
De même Géryon s'éloigne de la pierre ,
　　　Et puis, dès qu'il trouve l'instant
　　　De se donner libre carrière ,
Il se tourne soudain ; sa queue alors se tend
　　　Comme une anguille serpentant ,
　　　Et ses bras lui servent de rames.
Alors que Phaéton , dans sa route de flammes ,
　　Lâchant la bride à ses coursiers fougueux ,
Dispersa les débris qu'on voit encore aux cieux :
Lorsqu'Icare, indocile à la voix paternelle
　　Qui lui criait : *Malheureux, tu te perds !*
　　　Sentit la cire de son aile
S'amollir et se fondre et tomber par les airs ,
Grande fut la frayeur de Phaéton , d'Icare ;
　　　Eh bien ! non moins grande, je crois,
　　　Est celle qui de moi s'empare ,
　　　Quand dans l'air emporté, je vois
Le vide sous mes pieds, le vide sur ma tête ,
　　Partout le vide et cette affreuse bête.
Elle s'en va nageant lentement , lentement ,
　　　Tourne et descend ; mais je n'augure
　　L'imperceptible et double mouvement
Qu'à l'air qui bat mes pieds et frappe ma figure.
Sur la droite en dessous j'entends le grand murmure
　　　De l'eau qui tombe avec fracas :
J'ose pencher la tête et regarder en bas ,

Et je me trouve alors plus timide à descendre ;
    Car des plaintes se font entendre ,
    Et je vois d'horribles clartés.
    Sur Géryon je me blottis , je tremble ,
Je sens enfin qu'il tourne et plonge tout ensemble
    A ces mille bruits répétés
Qui s'approchent divers et de divers côtés.
Longtemps au haut des airs le faucon , qui demeure
Immobile, sans voir ni l'oiseau ni le leurre ,
Fait dire au fauconnier : *Il se rebute, hélas!*
    Et l'oiseau chasseur revient las
Au lieu d'où, si rapide , on l'a vu disparaître ,
    Après vingt cercles dans les cieux ;
    Il redescend et va loin de son maître
    S'abattre hautain et hargneux ;
    De même Géryon aborde
Près du rocher à pic, formidable rempart,
Nous y dépose et fuit. Moins vite de la corde
    Le trait part.

CHANT XVIII.

Description du huitième cercle nommé *Malébolgé*. — Les dix fosses maudites. — Dans la première, où le poëte rencontre Caccianimico et Jason , sont punis les ruffiens et les séducteurs, dans la seconde les flatteurs et les courtisanes.

Il est un lieu nommé Fosses-Maudites :
Le fond et les parois de ce cercle d'enfer
    Sont en pierre couleur de fer.
    Juste au milieu de ces orbites
    Se creuse un puits large et profond ,
Dont la forme en son lieu par moi sera frappée :
    Entre ce puits et la roche escarpée
    Se déploie un espace rond,
Et dix fossés distincts s'en partagent le fond.
    Semblables à ceux qui défendent
    Les approches d'un château fort,

Autour duquel plusieurs fossés s'étendent :
Et comme des ponts se suspendent
Pour conduire du seuil dehors ;
Ainsi des arches suspendues
Liant bords et fossés vont aboutir au puits.
Géryon nous jeta sur ces plages ardues.
Mon maître prend à gauche, je le suis.
A ma droite, ô pitié ! je vois, l'âme troublée,
Des supplices nouveaux, des fouetteurs inconnus
Remplir la première vallée :
Dans le fond les coupables nus,
En deux égales parts se divisant l'espace,
Marchant en sens divers, font le tour du fossé :
Plus proche et nous croisant l'une des foules passe,
L'autre va comme nous, mais d'un pas plus pressé.
Au temps du jubilé dans Rome qui s'encombre
On coupe ainsi le pont où passe un double nombre :
Au château d'un côté marchent tournant le front,
Ceux qui s'avancent vers Saint-Pierre,
De l'autre ceux qui regardent le mont.
On voit sur la noirâtre pierre
D'affreux démons cornus armés d'énormes fouets,
A grands coups déchirer les damnés qui s'échappent :
Ah ! qu'ils n'attendent pas que leurs bourreaux les frappent
Une seconde, une troisième fois.
Nous allions. Un damné se présente à ma vue.
Je m'écrie aussitôt :

Cette ombre m'est connue.

Et sur elle attentif mon œil reste fixé.
En arrière, je veux la suivre : mon bon maître
S'arrête et daigne le permettre.

9.

Le fustigé marchait le visage baissé
Et croyait n'être pas reconnu : vain mystère !
   Je lui dis :

           Toi qui regardes la terre,
Si l'on peut se fier aux traits, Venetico,
Le nom de ta famille est Caccianimico ;
Quel crime te condamne au fouet qui te déchire ?

Et lui :

        — C'est malgré moi que je vais te le dire,
Mais comment résister au langage si beau
   Que je parlais au delà du tombeau ?
     Quoi que l'on ait dit pour m'absoudre,
     C'est moi, c'est moi qui sus résoudre
A céder au marquis la belle Ghisola.
Bologne est mon pays : cette vallée est pleine
De Bolonais : bien moins au bord de la Savenne
Ou le long du Réno prononcent le *sipa* [1].
Pour croire fermement ce que je te déclare
Souviens-toi du surnom de *Bologne l'Avare*.—

Il parlait, un démon d'un fouet terrifiant
   Le frappe et dit :

           —Vas donc, rufian,
   Ici point de femmes à vendre. —

Je retourne où mon maître avait daigné m'attendre,

---

1 *Sipa*, mot italien, synonyme de *si* : il y a le même rapport
entre ces deux mots qu'entre notre *oui* et *oui-dà*. Les habitants de
Bologne disaient *sipa*.

Et recommençant à marcher
Nous arrivons bientôt auprès d'un grand rocher
    Qui tient aux bords de cet abîme.
Montant légèrement à droite sur la cime,
Nous quittons du rempart les cercles éternels
Et venons au-dessus de cet endroit de l'arche,
    Où sous le fouet passent les criminels.
    Virgile alors me dit :

                    « Suspends ta marche,
        Regarde ces autres damnés
Dont tu ne pouvais pas apercevoir la face,
        Puisqu'ils allaient dans notre sens tournés. »

Du haut de ce vieux pont (le fouet aussi les chasse),
Nous regardons vers nous l'autre bande qui vient,
Et Virgile me dit sans que je le demande :

'« Vois le coupable à la taille si grande,
Point de larmes! sur lui la douleur ne peut rien.
Comme on le reconnaît à son royal maintien !
C'est Jason. Unissant la sagesse au courage
De la riche toison il dépouilla Colchos,
        Et quand il passa par Lemnos,
        De tous les hommes dans leur rage
Les femmes, ô terreur, avaient tranché les jours!
        Étrangère à cette furie
Seule Isiphile osa tromper leur barbarie.
        Par sa grâce et ses beaux discours
        Il séduit sa tendre jeunesse,
        Puis enceinte et seule il la laisse.
        Sous le fouet il expie ici
L'abandon d'Isiphile et de Médée aussi.

Là de ces séducteurs la foule est rassemblée,
Nous connaissons assez la première vallée,
   Et les maudits qui souffrent dans son sein. »

      Arrivés à l'étroit chemin
Qui va de la seconde à l'enceinte troisième,
   Nous y voyons un peuple de damnés
Qui souffle, s'ébrouant de la bouche et du nez,
   Et de ses mains se bat lui-même ;
Il s'élève du fond des miasmes gluants,
Qui collent aux parois, si sales, si puants
Qu'on n'en peut supporter ni l'odeur, ni la vue !
Pour plonger jusqu'au bas de l'infecte étendue,
Sur le plus haut de l'arche il nous fallut monter :
Enfoncés dans l'ordure on les voit s'agiter.
Ah ! tous les excréments, tous les égouts du monde
Semblent se décharger dans cette fosse immonde.
L'un d'eux, de saletés son chef est si couvert
Qu'on ne distingue pas s'il fut laïque ou clerc.

— Entre eux tous, me dit-il, comme tu me reluques ,
   Pourquoi donc ? —

               Parce que je crois
Avoir vu tes cheveux bien propres autrefois ;
N'es-tu pas Alexis Interminei de Lucques ?

Il se frappe la tête et reprend :
                 — D'un flatteur
   J'eus l'infatigable langage ,
Voilà ce qui me plonge en cette puanteur. —

  « Penche-toi plus avant, me dit alors le sage ,
    Tu verras le sale visage

De cette courtisane aux lubriques penchants,
Qui déchire son corps d'ongles si dégoûtants,
Et toujours s'accroupit, et toujours se redresse.
Un galant demandait un jour à la traîtresse :
« Thaïs, ai-je pour toi des charmes ? » *Merveilleux*,
Répondit-elle. Ah ! viens, c'est trop salir nos yeux. »

CHANT XIX.

Supplice des simoniaques dans le troisième fossé. — Nicolas III.
— Reproches énergiques aux papes coupables de simonie.

BCE

O Simon le magicien !
O secte de marchands ! vous qui dans vos rapines
    Trafiquez des choses divines
    Promises aux seuls gens de bien ,
Et les prostituez à qui vous les achète ;
C'est pour vous maintenant que sonne la trompette ;
    Car votre argent par le crime amassé
    Vous plonge au troisième fossé.
    Nous voici sur le roc qui tombe
    A plomb au milieu de la tombe.
Sagesse souveraine, oh ! que vous montrez d'art
    Au ciel , sur terre et dans le triste monde !

Que vous distribuez juste à chacun sa part !
Dans la fosse de pierre et livide et profonde,
Au bas, sur les parois, on distingue des creux,
Tous de même largeur, ronds et pareils à ceux
Qui dans mon beau Saint-Jean servent de baptistères.
(Oui de ces fonts par moi l'un fut brisé naguères,
Mais afin de sauver quelqu'un qui s'y noyait :
Soit dit pour détromper d'une erreur qu'on croyait.)
  Dans chaque trou s'enfonce un misérable,
On voit encor sortir ses jambes à moitié,
Il brûle, et les efforts qu'il fait de chaque pied
      Suffiraient pour briser un câble.
      La flamme au vol impétueux,
Effleure seulement les objets onctueux ;
      Du bout des doigts à la cheville
      Ainsi le feu d'enfer sautille.

      Maître, dis-je, quel est ce mort
Dont le pied, sous un feu plus rouge qui le mord,
      Plus que les autres se démène ?

« Si, me répondit-il, tu veux que je te mène
      Aux lieux où le bord est plus bas,
Je pourrai te descendre, et de lui tu sauras
Son nom et quel forfait lui vaut ce dur martyre. »

Ce qui te plaît, repris-je, est ce que je désire,
Tes ordres sont mes vœux, ô mon maître et seigneur,
Et tu n'as pas besoin que je t'ouvre mon cœur.

Au quatrième bord venus, nous le suivîmes,
      Puis à gauche nous descendîmes
      Jusqu'au fond de l'étroit fossé,
      De mille et mille trous percé.

Entre ses bras Virgile me tient ferme
Et me dépose auprès du gouffre qui renferme
  Le mort, en proie aux cuisantes douleurs,
Dont les pieds exprimaient si vivement les pleurs.

Toi, dis-je, qui, semblable au pal que l'on enfonce,
  La tête en bas brûles, ô malheureux !
  Qui que tu sois, parle-moi si tu peux.

Je me tenais, attendant sa réponse,
Comme un moine assistant le fourbe meurtrier
  Qui dans la fosse ayant déjà la tête,
Veut qu'il l'entende encor... pour que la mort s'arrête.

— Toi déjà là debout !... se mit-il à crier.
Toi déjà là debout ! Est-ce toi, Boniface ?
Il est donc faux l'écrit qui prédit qu'à ma place
  Tu ne viendrais de bien longtemps encor !
  Es-tu déjà rassasié de l'or
Pour lequel tu trompas cette épouse si belle,
  Plus tard l'objet d'un outrage infidèle ? —

  Comme ceux qui n'ont pas compris
  Les paroles qu'on leur adresse,
Ne savent que répondre et restent ahuris ;
Ainsi je demeurais. Virgile alors me presse
  De répondre :

           Ce n'est pas moi,
  Non je ne suis pas qui tu croi.

Je me hâtai d'exécuter cet ordre.
Et du maudit les jambes de se tordre,
Et lui de soupirer ; puis pleine de sanglots
  Sa voix fit entendre ces mots :

— Que me veux-tu donc? Que t'importe
Le crime que j'expie ou le nom que je porte?
Quelle rage t'amène en ce gouffre infernal?
La tiare ceignit mon front pontifical.
Je suis, le croiras-tu, je suis ce fils de l'Ourse,
   Qui, pour enrichir ses parents,
Plongea tant de trésors en son avide bourse,
Et lui-même dans l'un de ces trous dévorants,
Où sous ma tête gît la nation punie
   De mes aïeux en simonie.
Tous par cette fissure ont tour à tour passé,
Et je serai comme eux sous la pierre enfoncé,
   Dès que la mort ici fera descendre
   Celui pour qui je te prenais,
Lorsque si brusquement je te questionnais.
Mais déjà plus longtemps j'ai souffert à l'attendre,
   La tête en bas, les jambes dans le feu,
Qu'il ne restera, lui, fiché là comme un pieu;
Car viendra du couchant nous couvrir l'un et l'autre
Un pasteur dont la vie est pire que la nôtre:
   La loi pour lui n'aura pas eu de frein.
    Tel le Jason des Machabées
    Gagna son faible souverain,
   Tel il saura plier à son dessein
Le roi qui sous ses lois tient les Gaules courbées. —

C'était parler peut-être avec trop de hauteur,
Mais je lui dis:

       Or çà, lorsque notre Seigneur
   Remit les clefs au prince des apôtres,
   Exigea-t-il de lui quelque trésor?
Non, il lui dit: *Suis-moi.* Quand saint Pierre et les autres

Élurent Mathias que désigna le sort
Pour remplacer celui qui vendit le bon maître,
Quel or ou quel argent se firent-ils remettre ?
Reste là , le supplice au crime est égalé.
      Garde bien ce métal volé
Qui te fit traiter Charle avec tant d'arrogance.
Et n'était mon respect pour la sainte puissance
      Dont t'investirent les clefs d'or,
Je te gourmanderais de mots plus durs encor.
      Votre avarice , au scandale du monde
Foulant aux pieds les bons , élève les pervers.
Saint Jean vous reconnut dans cette bête immonde ,
Qui , sur les eaux assise , aux rois de l'univers
      Étale et vend ses faveurs impudiques.
Elle naquit avec sept têtes prophétiques ;
      De dix rayons son front fut revêtu,
      Tant que l'époux conserva la vertu.
Vous tous , qui trafiquez de la sainte parole ,
Vous vous faites, pasteurs, des dieux d'or et d'argent :
L'idolâtre de vous certe est bien différent ;
      Car au moins lui n'a qu'une idole ,
      Et vous , vous en adorez cent.
      Ah ! Constantin, de quels maux fut la mère,
Non ta conversion , mais la dot que de toi
      Reçut le pape ainsi devenu roi !

      Et le damné , soit remords ou colère,
      Tant que dura ce discours véhément ,
Agitait ses deux pieds tordus plus fortement.
      Ces vérités plurent au sage ,
Puisque l'oreille avide et la joie au visage
Il m'écouta , me prit , me serra sur son sein ,

Et remonta par le même chemin.
Le roc, où doucement en me portant il marche,
Haut et rude serait aux chèvres malaisé.
  Sans secousses je fus posé
  Sur le point culminant de l'arche,
Qui va du quatrième au cinquième rempart.
C'est une autre vallée ouverte à mon regard.

CHANT XX.

De cette première partie
Consacrée aux douleurs de la race engloutie,
    A d'autres peines m'attachant,
    J'aborde le vingtième chant.
    Je plongeai ma vue attentive
Dans la fosse livrée à l'angoisse plaintive,
Et vis un peuple en pleurs marcher silencieux
    Dans le cercle de cet espace,
Du même pas que vont nos cortéges pieux.
Je regarde plus bas : quel effet merveilleux !
Le menton ou l'épaule avait changé de place ;
Les yeux fatalement regardaient les talons,
    Et tous semblaient aller à reculons !
    Une forte paralysie

Rendit ainsi peut-être un homme distordu,
Mais je ne le crois pas ne l'ayant jamais vu.
    Toi qui lis cette poésie,
    Si Dieu t'accorda la faveur
De sentir en lisant ce que sentit l'auteur,
    J'invoque ici ton propre témoignage :
Ai-je pu d'un œil sec voir de près notre image
Disloquée à ce point, et tous ces malheureux
Baigner leur dos de pleurs qui tombaient derrière eux?
A l'angle d'un rocher, tant la douleur m'accable,
Je m'appuie et je pleure et mon maître me dit :

«Quelle aveugle pitié pour ce peuple maudit!
Nul ici n'est pieux s'il n'est impitoyable[1] ;
N'est-ce pas ressembler aux plus grands scélérats,
Qu'avoir de la pitié pour qui Dieu n'en a pas?
Lève, lève le front et vois s'ouvrir la terre
    ·Aux yeux des Thébains éperdus,
    Lorsqu'ils criaient tous :
                «Amphiaraüs,
» Où vas-tu donc? Pourquoi désertes-tu la guerre ? »

Lui, s'abîmant toujours, ne s'arrêta qu'aux bords
    Où Minos saisit tous les morts.
De ses épaules, vois, il a fait sa poitrine,
Pour avoir trop voulu plonger dans l'avenir,

---

[1] Bien des commentaires ont été faits sur ce vers, qu'il me soit permis d'en hasarder un nouveau. Le mot *pietà* signifie en italien *piété* et *pitié*. Dante l'a employé dans le premier sens et sous-entendu dans le second. Tout le contexte prouve qu'il n'a pas reculé devant cette étrange concision. En admettant une nouvelle hardiesse, qui ne doit pas étonner du plus hardi des poëtes, il n'y a plus de difficulté.

Il regarde en arrière, en arrière il chemine.
Voici Tirésias, à la forme androgyne,
D'homme qu'il était femme on le vit devenir,
    Ne gardant rien de sa mâle origine;
Puis, lorsque sa baguette une seconde fois
Frappe et tue un serpent du couple qui s'enlace,
La femme disparaît et l'homme la remplace.
    Après lui vient Arons, tu vois
    Que de son dos il lui touche le ventre;
Parmi les marbres blancs il habitait un antre
Au haut des monts Luni qu'exploitent les travaux
Du Cararais qui loge au pied de leurs coteaux :
    De ces hauteurs Arons sans voiles
Observait jour et nuit la mer et les étoiles.
Celle qu'on ne voit pas, qui de ses longs cheveux
    Couvrant son sein, paraît toute velue,
Est l'ombre de Manto : dans des pays nombreux,
Après avoir porté sa course irrésolue,
    Aux lieux où je reçus le jour
    Elle vint fixer son séjour.
Écoute bien : son père avait quitté la vie,
La cité de Bacchus gémissait asservie,
Longtemps dans l'univers, hélas ! erra Manto;
    Sur les plages italiennes,
    Près des Alpes tyroliennes
Qui bordent l'Allemagne, est le lac Bénaco;
    Plus de mille sources d'eaux vives,
    Fécondant les plus belles rives,
Au fond de ce bassin dorment entre Garda,
    Et l'Apennin et Valcamonica.
    Si, sur un point que le lac environne,
    Ils se rencontrent tous les trois,

Les prélats de Brescia, de Trente et de Véronne
    Y peuvent exercer leurs droits.
Au lieu même, où le bord davantage s'abaisse,
    Pour couvrir Bergame et Brescia
    S'assied la belle Peschiéra,
    Inexpugnable forteresse.
  Là, le trop plein du lac se dégorgeant,
    Forme un fleuve qui va baignant
De pâturages frais la verdure nouvelle;
Mais dès que l'eau du fleuve a repris le courant,
Ce n'est plus Bénaco, c'est Mincio qu'on l'appelle.
Auprès de Governo l'Éridan le reçoit.
    Non loin du lac on aperçoit
    Une campagne inégale, penchée,
    Où l'onde du fleuve épanchée
    Croupit. Ce marais infecté
    Est insalubre dans l'été.
Or, au milieu s'élève inhabitée, inculte,
Une terre... C'est là qu'abhorrant les humains
Manto vient s'établir loin de tous les chemins
Avec ses serviteurs et sa science oculte.
Elle y vit, elle y meurt : les habitants épars
    S'assemblent, bâtissent leur ville
    Sur ses ossements, dans cette île
  Que les marais ceignent de toutes parts.
  Sans rechercher ce que le sort ordonne,
  Comme Manto choisit ce lieu d'abord,
    Mantoue est le nom qu'on lui donne.
Des citoyens nombreux peuplaient déjà ce bord,
Quand de Pinamonté l'adroite prévoyance
D'Albert Casalodi trompa la confiance.
    J'ai dû te dire clairement

L'origine de ma patrie ,
Afin que si jamais l'on parlait autrement ,
L'erreur par toi fût démentie. »

O maître, tes récits certains
Jettent dans mon esprit une telle lumière,
Que les autres pour moi seraient charbons éteints :
Ma foi t'appartient tout entière !
Mais dis : (nul autre objet ne m'intéresse ici,)
Dans ce peuple, vers nous qui lentement chemine ,
Est-il un criminel digne qu'on l'examine ?

« Ce damné dont le dos noirci
Est couvert d'une barbe épaisse ,
Répond-il, fut augure, à l'époque où la Grèce
D'hommes ne conserva que l'enfant au berceau.
Avec Calchas l'Aulide a vu sa main hardie
Dégager le premier vaisseau ,
Euripyle est son nom ; ma haute tragédie
En parle dans ses vers : tu n'as pu l'oublier,
Toi qui par cœur sais le poëme entier.
Michel Scot, que tu vois avec ses flancs étiques,
Connut parfaitement l'art des fraudes magiques ;
Vois Guido Bonatti ; cet autre est Asdenté,
Il voudrait, mais trop tard , n'avoir jamais quitté
Son cuir et son ligneul ; voilà ces pécheresses
Qui laissèrent aiguille, et navette et fuseaux
Pour se faire devineresses,
Herbes, portrait étaient mêlés dans leurs travaux.
Viens désormais ; sous Séville dans l'onde,
Et du double hémisphère atteignant l'horizon ,
Déjà Caïn emporte son buisson.
De la lune hier soir brillait la forme ronde,

Tu dois t'en souvenir, elle ne t'a pas nui
Lorsque le bois profond t'égarait dans sa nuit. »

　　Le maître parle, moi j'écoute,
　　Et nous poursuivons notre route.

CHANT XXI.

Tout en faisant d'autres réflexions
Que ne retrace pas mon humble comédie,
De rochers en rochers ainsi nous avancions.
    Gravissant cette arche hardie
    Je m'arrête au sommet monté,
    Et dans cette fosse, ô merveille !
Des gémissements vains pleuraient à mon oreille,
    Et je voyais l'obscurité.
Au retour des frimas, Venise travailleuse
Fait dans son arsenal bouillir la poix visqueuse,
    On y calfate les vaisseaux
Qu'on n'ose plus livrer à la rage des eaux :
Le marteau retentit de la proue à la poupe,
L'un construit son navire et l'autre avec l'étoupe

Radoube les flancs entr'ouverts
Du sien qu'ont fatigué les mers :
La voile se recoud, la rame se façonne,
Le cordage est tordu, l'artimon rapiécé ;
   Ainsi sans feu dans le fossé,
Mais par un art divin, le bitume bouillonne,
   S'épaissit, se colle aux parois.
   Je ne distinguais dans la poix
   Que des bulles toutes gonflées
Qui s'élevaient, puis tombaient refoulées.
Pendant que fixement en bas je regardais,
Mon guide me disant :

         « Prends garde à toi, prends garde.»

Me tire à lui de l'endroit où j'étais.
   Et comme un homme auquel il tarde
De voir l'objet qu'il fuit et qui part sans le voir
   Accablé d'une peur subite,
   Tel je me retourne au plus vite :
Derrière nous s'avance un diable noir,
Il court sur les rochers. Oh ! quelle horrible vue !
   Qu'il me paraît cruel en son maintien !
   Le pied léger, l'aile étendue,
Altier, par les talons de ses griffes il tient
Un pécheur renversé sur son épaule aiguë !

— Pour notre pont, dit-il, Malébranche, voilà
   Un ancien de Santa-Zita ;
Plongez-le là-dessous ; je remonte à la ville
Où tout homme est fripon excepté Buonturo,
Où pour un vil denier *ita* se change en *no;*
Braves gens comme lui s'y rencontrent par mille. —

Dans la fosse il le lance, et par le dur rocher
S'en retourne..... Un mâtin qu'on vient de détacher,
   Moins promptement suit le voleur qu'il chasse.
Lui plonge, et culbuté, revient à la surface;
Les démons qui de l'arche ont le commandement
L'assaillent de leurs cris :

                 — Ah ! plus de sainte face,
Plus de Serchio : chez nous on se baigne autrement ;
Si donc tu ne veux pas que de la bonne sorte
Tout ton corps enfourché sente nos avirons,
   Il ne faut pas que de la poix il sorte. —

A ces mots, le frappant de cent coups de harpons,
Ils disent :

            — A couvert on danse à notre fête,
   Tu ne pourras y voler qu'en cachette. —

     Le cuisinier et ses valets
Dans la marmite ainsi, quand la viande surnage,
     L'enfoncent avec leurs crochets.

     « Mon fils, me dit alors le sage,
Pour ne pas être vu, tâche de te cacher
     A l'abri de quelque rocher.
     Quant au péril qui me menace,
   Rassure-toi, j'ai tout prévu d'abord,
   Une autre fois je bravai leur audace. »

Puis traversant le pont, sur le sixième bord
Il passe... A quelle attaque il lui faut tenir tête !
     Aussi fougueux que la tempête,
     Des chiens sortent en aboyant,
   Et courent sus au pauvre mendiant

Qui redemande encore aussitôt qu'il s'arrête :
  Tels du pont franchissant les rocs,
  Ils lèvent sur lui tous leurs crocs.

« Tout beau, leur cria-t-il, tout beau, point de colère ;
  Avant de jouer des harpons
Qu'un de vous ici vienne écouter mes raisons,
  Puis il verra s'il faut que l'on m'enferre. »

Ils s'écrièrent tous :
          — Vas-y, Malacoda. —

L'un d'eux se détachant, la troupe s'arrêta.
En venant il disait : « *Qu'espère-t-il ?* »
                   « Devine
Si j'ai pu, dit mon maître, à l'abri de vos coups,
Ainsi que tu le vois, arriver jusqu'à vous
Sans un destin propice, une faveur divine ?
J'accompagne un vivant, et lui montre ce lieu,
Passage donc ; telle est la volonté de Dieu. »

Et son orgueil s'abat, et son croc tombe à terre.
Puis il dit aux démons :
           « *Vous autres, plus de guerre.* »

« Derrière ce rocher, toi qui restes blotti,
Me dit le maître, viens, te voilà garanti. »

J'accours... Toute la troupe à ma rencontre vole ;
Je crus bien qu'ils allaient manquer à leur parole.
Ainsi de Caprona j'ai vu la garnison,
Peu sûre du traité, craindre une trahison,
Quand de ses ennemis la foule l'environne.
  Je me collai de toute ma personne

Le long du maître , l'œil sur leurs yeux attaché ,
   Ils n'annonçaient pas bon marché.
Tous armés de leurs crocs m'attendent au passage.
L'un demande :

              — Faut-il lui jeter le grapin ? —

— Oui , répondent-ils ; oui , harponne-le. —

                        Soudain
    Malacoda , qui parle au sage ,
   Vers le démon rapidement tourné ,
   Lui dit :

           —Là , là , Scarmiglioné.
Vous , quittez cette route , elle est interrompue ,
Vous ne passeriez pas ; une roche rompue
   Gît dans le fond du sixième fossé.
Et si d'aller plus loin vous avez le caprice ,
   Marchez un peu le long du précipice ,
Là , sur un autre roc le passage est aisé.
On comptait , quand hier sonna la douzième heure ,
    Douze cent soixante-six ans
    Depuis que dans notre demeure
De ce rocher fendu les débris sont gisants.
    Au point où vous allez , j'envoie
    Dix de mes gens pour que l'on voie
Si sur le lac prend l'air quelque vaurien ;
Suivez leurs pas , ils se conduiront bien. —

Malacoda choisit dans la troupe qu'il mène :
   (J'ai retenu les noms qu'il leur donna ,)

   — Alichino , Calcabrina ,
Partez , Barbariccia conduira la dizaine ;

Farfarello, Libicoc, Cagnazzo,
 Graffiacané, Draghinazzo;
Toi, Ciriatto, prépare tes défenses,
 Et toi Rubicanté le fou,
Commencez votre ronde : à bas la chair qui bout ;
Et que les voyageurs arrivent sans offenses
Jusqu'au rocher, au pont qui reste entier debout. —

Ah! qu'est-ce que je vois, m'écriai-je, ô mon maître,
Partons seuls; à leurs soins pourquoi donc nous remettre?
Le chemin t'est connu, pourquoi suivre leurs pas?
Si clairvoyant toujours, ne remarques-tu pas
Comme ils grincent des dents, comme leurs yeux menacent?
Et Virgile me dit :

 « Point de peur quoi qu'ils fassent;
S'ils grincent, c'est pour ceux qui brûlent là-dedans. »

Avant que sur le bord à gauche l'on se jette,
Goguenards, et serrant la langue entre leurs dents
Ils regardent le chef. Lui, se met à leur tête,
Et du bas de sa croupe il sonne la trompette.

CHANT XXII.

Les diables se saisissent d'un pêcheur du cinquième fossé. —
Subterfuge dont il se sert pour leur échapper. — Combat de
deux diables qui tombent dans le fleuve de poix bouillante.

☙❖❧

J'ai vu des cavaliers les troupes s'ébranler,
Charger, se déployer et parfois reculer :
J'ai vu des fourrageurs les bandes guerroyantes
   Aller, venir et, faisant mille tours,
Ravager, Arezzo, tes plaines verdoyantes :
J'ai vu de beaux tournois et des joûtes brillantes
Qu'animaient les accents du clairon, des tambours,
   Les cloches, les signaux des tours,
   Les instruments dont l'Italie abonde
Et ceux dont on se sert dans le reste du monde ;
Mais, ni pour diriger le vol des escadrons
   Ou la marche des bataillons,
Ni sur l'heureux navire à l'aspect du rivage
Ou de l'astre sauveur au milieu de l'orage,

Non jamais je n'ai vu, jamais on n'employa
Le burlesque instrument du fier Barbariccia.
Nous suivons les démons : quels guides effroyables!
Mais on doit rencontrer (qui s'en étonnerait?)
 Des ivrognes au cabaret,
A l'église des saints et dans l'enfer des diables.
Cependant sur la poix mon regard s'est fixé
Pour savoir quels tourments enferme le fossé,
Et quels peuples nombreux tout brûlants y gémissent.
Comme on voit les dauphins, alors qu'ils avertissent
Les mariniers d'ancrer bien vite leurs vaisseaux,
 Courber-en arc leur croupe sur les eaux,
  Tels les pécheurs se rafraîchissent
Au-dessus du bitume en élevant le dos :
Puis prompts comme l'éclair rentrent et se tapissent.
Laissant dans l'eau les pieds et le reste du corps,
 De nos marais les habitantes,
  Maintiennent leur tête dehors;
Ainsi par tout le lac les ombres haletantes.
Dès que Barbariccia menaçant approchait,
 Tout le peuple au fond se cachait.
  Et comme parfois il arrive
Qu'une grenouille en laisse une autre plus tardive,
De même, ah ! j'en frémis, s'oublie un imprudent.
 Graffiacané qui se trouvait tout proche,
  Par ses cheveux gluants l'accroche :
On eût dit une loutre au bout de son trident.
 (Malacoda de notre décurie
Avait nommé chacun quand elle fut choisie,
 Et puis entre eux s'appelaient les démons,
  Voilà comment j'ai su leurs noms.)

—Harponne le dos au brave homme,
Rubicanté, qu'il danse au-dessus de la poix,
    S'écriaient-ils tous à la fois.—

Ah ! tâche de savoir, maître, comment se nomme
Ce malheureux en proie aux coups de ses bourreaux ?

Virgile s'approchant l'interroge en ces mots :

« De quel pays es-tu ? »

              — Je suis de la Navarre,
    J'eus pour père un grand libertin,
Il mangea sa fortune, et d'une main barbare
    Il termina lui-même son destin :
Chez un seigneur ma mère obtint que je servisse,
Puis le bon roi Thibault me prit à son service ;
Maître de ses faveurs je m'en fis le marchand ;
Voilà pourquoi je brûle au fond de cet étang. —

Ciriatto, de deux crocs armé comme une laie,
    Lui fait une profonde plaie ;
Le rat se débattait sous la griffe des chats.
    Barbariccia l'enferme de ses bras ;

    — Éloignez-vous pendant que je le garde,
    Ordonne-t-il à son affreuse garde. —

Puis se tournant vers mon maître il lui dit :

— Si tu veux t'adresser encore à ce maudit,
Interroge-le vite avant qu'on l'extermine. —

« Parmi ceux qu'avec toi le bitume engloutit,
    Connais-tu quelqu'ombre latine ? »
    Lui demanda mon maître.

Il répondit :

—Je quitte à l'instant même une âme qui vendit
　Emplois, faveurs sur la terre voisine :
Que ne suis-je avec elle au fond du lac ardent,
　Je ne craindrais ni griffe ni trident. —

　　— C'est trop longtemps souffrir ce lâche,
　Dit Libicoc impatient démon : —

　　Et courant sus, de son harpon
　Il lui saisit l'avant-bras qu'il arrache ;
Aux jambes cependant Draghinazzo s'attache ;
Mais le décurion d'un air impérieux
Se retourne et contient un peu ces furieux.
Tandis que le damné regarde sa blessure,
Virgile lui demande avec empressement
Quel homme il a quitté si maladroitement
　Pour s'exposer à pareille torture ?

　　— Frère Gomite de Gallure,
Il n'exista jamais, dit-il, plus grand fraudeur ;
　　Confiés à sa vigilance,
　　Les ennemis de son seigneur
　　Le trouvèrent plein d'indulgence.
　Car, il le dit, ceux qu'il devait garder
　Pour quelqu'argent il les fit évader.
Toujours au plus offrant prostituant les grâces,
　　C'est le roi des vendeurs de places.
　Près de cette ombre insatiable d'or,
　Est don Michel Zanché de Logodor :
Tous deux sans se lasser parlent de la Sardaigne.
J'en nommerais encor ; mais hélas ! malheureux !
　Voyez grincer ce diable affreux,

Je crains que son harpon qu'il brandit ne m'atteigne. —

Le grand décurion se tournant irrité ,
Dit à Farfarello dont le regard flamboie :

   Arrière donc , oiseau de proie.

— Si vous voulez , reprend l'esprit épouvanté ,
   Entendre ou voir quelque profane
   De Lombardie ou de Toscane ,
J'en ferai bien venir ; mais que ces fiers démons
   Dont ils ont une peur extrême ,
   Se cachent dans les environs :
   Je vais m'asseoir en ce lieu même ,
   Et vous en aurez sept pour un ,
Alors que mon sifflet , comme c'est la coutume ,
   Va leur apprendre que quelqu'un
   Se rafraîchit sur le bitume. —

A ces mots Cagnazzo levant un peu le nez
Hoche la tête et dit :

                — Voyez quelles malices ,
Il espérait ainsi rejoindre les damnés. —

   Mais lui , fécond en artifices :

— Oui , vraiment , répond-il , je suis par trop rusé ,
   Puisque des miens j'augmente la souffrance ! —

Alichino qui rêve une douce espérance
   Suit un avis aux autres opposé :

     — Si tu manques à ta parole ,
Je ne galoppe pas après toi , non je vole ;
   Descendons de cette hauteur ,
Et que de bouclier le bord serve aux coupables ,

Nous verrons bien si tout seul un fraudeur
Est plus habile que dix diables. —

Écoute ce tour, cher lecteur.
Alichino se retourne au plus vite
Et regardant ailleurs la cohorte l'imite.
Le Navarrais choisit bien son moment,
Contre le sol appuyé fortement,
Sur les pieds il s'abaisse, saute,
Et bien loin dans la poix se dérobe à leurs coups.
La chute les consterne, ils en tressaillent tous.
Le premier auteur de la faute
S'élance en criant : *Je te tiens*,
Mais la rage en vain le transporte,
La peur sur les ailes l'emporte.
L'un au fond de l'étang va retrouver les siens,
L'autre au-dessus vole et se dresse.
Un canard que le faucon presse
S'enfonce prompt comme l'éclair,
Et le faucon, honteux de sa chasse perdue,
Désespéré, remonte au haut de l'air.
Calcabrina, qu'irrite une telle bévue,
Suit en volant, charmé de la fuite imprévue,
Et surtout de livrer combat :
A peine l'ombre disparue,
Sur son camarade il s'abat,
Le déchirant de sa cruelle serre ;
Mais l'autre, déployant ses griffes de vautour,
Les fait jouer, et rend guerre pour guerre ;
Et s'entre-déchirant ensemble et tour à tour,
Ils tombent au milieu de la fosse bouillante ;
Le feu les sépare soudain,

Mais pour se relever tout leur effort est vain,
Tant cette poix s'attache à leur aile gluante.
Le chef, qui plaint leur sort avec ses compagnons,
Fait de l'autre côté voler quatre démons.
Autour des englués ils arrivent en hâte,
Tous offrent à l'envi l'appui de leurs harpons
Aux deux diables cuisant dans cette affreuse pâte;
Ils restent empoissés, et nous nous échappons.

CHANT XXIII.

Les diables après avoir débarrassé leurs compagnons poursuivent les voyageurs dont ils espèrent tirer vengeance : mais ils arrivent trop tard. — Les deux poëtes ont le temps de se sauver dans le sixième fossé où sont punis les hypocrites. — Chappes de plomb. — Catalano et Loderingo.

Seuls, nous suivant l'un l'autre et sans nos harponneurs,
  Nous allions, gardant le silence,
  Comme vont les frères Mineurs.
  De la lutte occupé, je pense
A la fable des Grecs : la grenouille et le rat
  Dont Ésope a peint la querelle ;
  Commencement, fin du combat,
  Est-il plus juste parallèle ?
Et comme une pensée amène l'autre, ainsi
Un penser nouveau s'offre à mon âme troublée,
  Et ma peur en est redoublée ;
  Ce que je disais, le voici :
  Les diables, escorte maudite,
  A cause de nous sont joués,

Pour nous ils souffrent englués ,
Et sans peine on comprend que cela les irrite ;
   Or supposez qu'à leurs mauvais penchants
     La colère ajoute sa fièvre ,
Ils vont à nous s'acharner plus méchants
Que l'ardent lévrier qui happe enfin le lièvre.

    Mes cheveux se dressent d'effroi ,
    Et regardant derrière moi ,
Je dis :

      Oh ! cache-nous , cache-nous bien , mon père!
Nous sommes poursuivis par ces affreux démons ,
Et je crois les avoir déjà sur les talons.

   Il répond :

      « Fussé-je ce verre
Que le plomb rend habile à réfléchir les traits,
Quand viendrait me frapper ta forme extérieure ,
   Moins promptement je la reproduirais
Que je ne reproduis ta forme intérieure.
   Ton cœur toujours se reflète en mon sein ;
Nous voyons les objets sous une même face ,
Et notre double esprit n'a jamais, quoi qu'il fasse,
Qu'un même sentiment , d'où naît un seul dessein.
A droite, si le bord de l'autre précipice
Nous offre pour descendre une pente propice ,
Nous allons échapper à ceux que tu prévois. »

Ces paroles à peine hélas ! sont entendues ;
   Fondant sur nous , les ailes étendues ,
Accourent les démons , sous leurs crocs je me vois.
    Dans ses bras le guide m'enlève ;
Telle au bruit réveillée une mère se lève ,

Et voyant la flamme approcher,
Eperdue, elle court chercher
Son fils, qu'elle prend, qu'elle emporte;
S'oubliant elle-même, elle fuit, fuit encor,
Toujours, n'ayant souci que de son cher trésor,
Vêtue à peine, mais qu'importe.
S'élançant vers la fosse où nous voulons passer,
Tout le long du rempart il se laissa glisser.
Jamais l'eau du canal qui la pousse et la guide
Sur l'aube du moulin ne tombe si rapide,
Que d'en haut ne descend mon bon maître et seigneur,
En me tenant serré contre son cœur.
C'est plus qu'un guide, c'est un père.
Dans la sixième fosse à peine nous étions,
Eux garnissaient déjà le bord que nous quittions!
Mais sans la redouter nous vîmes leur colère;
Car sur le lac de poix les établissant, Dieu
Les avait pour jamais enfermés dans ce lieu.
Au fond de l'enceinte où nous sommes
Se présente une foule d'hommes
Couverts d'habits étincelants.
Sans cesse de leurs yeux on voit des pleurs qui tombent,
Ils font le tour en marchant à pas lents,
Et sous leur lassitude on dirait qu'ils succombent.
Aux chappes dont ils sont vêtus
Tiennent des capuchons sur leurs yeux rabattus:
Les moines de Cologne en portent de semblables;
Ces chappes, qui semblaient d'un or éblouissant,
Sont en effet de plomb et d'un poids écrasant,
Celles de Frédéric n'étaient pas comparables.
O manteau pesant, éternel!
A gauche nous suivons ce peuple criminel,

,es écoutant pleurer d'une oreille attentive ;
ais le plomb est si lourd , leur marche si tardive
    Qu'en avançant nous atteignons
    A chaque pas de nouveaux compagnons.

    Dans cette foule, dis-je, ô maître,
Trouve-m'en quelques-uns qu'on puisse reconnaître
ux actes qu'ils ont faits, aux noms qu'ils ont portés ;
u'en marchant tes regards cherchent de tous côtés.

·t l'un d'eux reconnaît l'accent de ma patrie.
    Derrière nous je l'entends qui s'écrie :

—Ralentissez le pas vous qui courez si fort
    Au sombre pays de la mort.
Ce que tu veux savoir ne puis-je te l'apprendre ?

Virgile se retourne et dit :

                « Il faut l'attendre ,
Puis marcher à son pas. »

                  Je m'arrête et j'en voi
Deux bien impatients d'arriver jusqu'à moi ;
Mais la route est mauvaise et le plomb les retarde.
    Venu près de moi chacun d'eux,
Sans prononcer un mot de travers me regarde,
Et puis se retournant ils se disent tous deux :

    —Il est vivant, vois sa bouche respire !
Et s'ils sont morts, comment l'affreux manteau
Ne les couvre-t-il pas de son pesant fardeau ?
O Toscan, disent-ils, témoin du grand martyre
    Aux hypocrites réservé,
Quel es-tu donc ? Ah ! daigne nous le dire. —

Je suis né, répondis-je, et je fus élevé
    Dans la vaste cité qu'abreuve
    L'Arno si doux notre beau fleuve;
Le corps que j'eus là haut, je le conserve ici.
Mais qui donc êtes-vous qui vous traînez ainsi?
Pourquoi tant de douleur qui sur vos traits ruisselle
    Et le tourment qui dans l'ombre étincelle?

        —Ces chappes jaunes que tu vois,
Me répond l'un, sont de plomb et leur poids
    Si lourd fait craquer leur balance.
Frères joyeux, Bologne a vu notre naissance,
    On me nommait Catalano
    Et celui-ci Loderingo.
Cet absolu pouvoir, que d'ordinaire on donne
Pour rétablir la paix, à la même personne,
Dans ton pays nous fut à tous deux confié:
Ce que nous avons fait le Gardingo l'atteste. —

Et je leur répondis:

        Frères, votre funeste......

Mais je n'achevai pas; car un crucifié
    Que trois grands pieux fichent à terre
    Attirait mes regards, ce mort
    M'aperçoit lui-même, se tord,
Soupire de douleur et souffle de colère.
Catalano reprend:

            —Cet homme que tu vois
Contre terre attaché sur l'éternelle croix
Dit aux Pharisiens: « C'est de toute justice
Qu'un seul soit pour le peuple offert en sacrifice. »

Nu , barrant le chemin , étendu sur le dos,
Nous passons , il supporte et nous et nos fardeaux.
    Son beau-père Anne et le conseil complice ,
Qui furent pour les Juifs une source de maux ,
        Sont livrés au même supplice.

Étonné des tourments de ce vil criminel
Qui doit subir en croix un exil éternel ,
        Virgile en détourne la vue ,
    Puis en ces mots parle au frère joyeux :

    « Si vous pouvez nous l'apprendre , en ces lieux ,
Répondez , savez-vous à droite quelque issue
Par où , sans ces démons qui viennent de partir ,
        Nous puissions tous les deux sortir ? »

—Un rocher plus voisin , dit-il , que tu n'espères ,
        Partant des remparts circulaires ,
            Formerait un immense pont
            Traversant toutes les vallées ,
Mais au-dessus de nous le chemin s'interrompt ;
        Un vaste amas de roches éboulées
Ou pendent aux parois , ou gisent dans le fond :
De débris en débris vous monterez au faîte.—

    Le front baissé , Virgile un peu s'arrête ,
Puis dit :

            « Il nous mentait le chef des harponneurs
Qui dans le lac de poix renfoncent les pêcheurs. »

—Des vices du démon le premier et le pire
        Est le mensonge , il le fait ou l'inspire ;
            Voilà ce qu'on enseignait

A Bologne jadis, nous répondit le frère. —

Mon guide cependant à grands pas s'éloignait.
On remarque en ses traits comme un peu de colère.
Or laissant l'hypocrite en sa chappe enfermé
  Je suis mon guide bien aimé.

CHANT XXIV.

Septième fossé. — Voleurs par fraude — Vanni Fucci (Foutchi).
— Prédiction qu'il fait à Dante.

❧❖❧

Lorsque l'année est toute jeune encore ,
　Que le soleil plonge sous le verseau ,
Que les nuits et les jours tendent vers leur niveau ,
Le givre enveloppant la terre qu'il décore
　　Rappelle bien sa blanche sœur,
Sinon qu'il n'en a pas la solide épaisseur.
Un petit villageois que la disette gagne
Et se lève, et regarde , et, voyant la campagne
　　Partout au loin blanchir à l'horizon ,
　　Les bras tombés, rentre dans sa maison ,
　　　Va, vient, déplorant sa misère
Comme le malheureux qui ne sait plus que faire.
Il sort : du triste aspect qui l'avait désolé ,
Plus rien ! un seul instant a changé la nature !

Il reprend sa houlette et va tout consolé
   Mener sa troupe à la pâture.
   Du maître ainsi le front troublé
   M'effraie, et calmé me rassure.
Près de l'éboulement à peine sommes-nous
   Il se retourne, et de cet air si doux
   Qui m'affermit au pied de la colline,
Après avoir pesé mille projets divers
Et bien examiné cette antique ruine,
   Il me tend ses deux bras ouverts,
   Me saisit, de lui me rapproche :
Puis, comme qui projette et sait exécuter,
Et qui prévoit d'abord ce qu'il faut éviter,
   Il m'enlève au haut d'une roche :

« Grimpe à présent, dit-il, par le roc que tu vois,
Mais assure-toi bien s'il peut porter ton poids. »

Sous les chappes de plomb la foule ensevelie
N'aurait pu se sauver par ce rude chemin ;
Car nous, lui si léger, moi tiré par sa main,
Montions péniblement de saillie en saillie.
Si le bord n'eût été plus que l'autre abaissé,
Lui peut-être eût gravi, moi j'aurais renoncé ;
   Mais comme la fosse maudite
Jusques aux puits très-bas va toujours s'abaissant,
   De chaque cercle qui descend
Une berge est plus haute et l'autre plus petite.
De la ruine enfin nous tenons le dessus,
Vers ce point où la roche a croulé la dernière ;
L'haleine me manquant je m'assieds sur la pierre,
   Je ne pouvais faire un seul pas de plus.

« Allons , point de lâche faiblesse ,
  Il faut vaincre cette mollesse ,
    Dit le poëte au glorieux renom :
Qui dort sous la courtine ou s'étend sur la plume
    Ne se fera jamais un nom ;
Or, qui ne l'obtient pas sur terre se consume ,
Sans laisser après soi plus durable sillon ,
Que dans l'air , sur les flots la fumée ou l'écume.
Courage , lève-toi , reprends ce noble cœur,
Qui , s'il ne cède au corps , sera toujours vainqueur ;
C'est peu d'avoir quitté la race criminelle ,
Il te faudra monter une plus haute échelle ;
    Si tu m'as compris lève-toi. »

Je me lève , et montrant ce qui n'est pas en moi :

Va , dis-je , je suis plein de vigueur et d'audace.

    Il part , je marche sur sa trace
Par un sentier étroit , rocailleux , mal aisé ,
Plus montant que celui du précédent fossé.
Pour ne pas sembler faible , en poursuivant la route
Je parlais. Une voix confuse retentit ,
    Et quoique du sommet j'écoute ,
    Je n'entends pas ce qu'elle dit !
La colère semblait animer ce maudit.
    Je me penchai vers les accents funèbres ;
Mais l'œil vivant ne peut percer dans ces ténèbres.

    Traversons et suivons le mur ,
    Dis-je , ô bon maître , il faut descendre ;
Car du haut de ce pont , dans cet abîme obscur
Je regarde sans voir , et j'entends sans comprendre.

« Pour répondre à ton vœu je n'ai qu'à le remplir,
   Me dit le sage et grand poëte ;
   Lorsqu'une demande est discrète
   Il faut se taire et l'accomplir. »

   Il descend le pont, il arrive
   Au mur de la huitième rive.
   Je vois dans les gouffres ouverts
D'innombrables serpents terribles et divers ;
Du souvenir encor j'en ai l'âme saisie.
Qu'on ne me vante plus les bords égyptiens,
   Ni les champs éthiopiens,
   Ni les sables dé la Libie,
   Où naissent hydres, basilics,
Cérastes, scorpions, amphisbènes, aspics ;
Jamais tous ces pays, en monstres si fertiles,
N'ont produit si cruels, si venimeux reptiles.
Parmi tous ces serpents dont se couvre le sol,
S'enfuyaient, spectres nus, les ombres effrayées
   Sans espérer abri ni girasol.
Sur leurs dos ces serpents serrent leurs mains liées ;
Enfonçant tête ou queue ils transpercent leurs reins
   Se réunissant sur leurs seins.
Mais sur l'un des damnés qui près de nous se cache,
   Un affreux serpent d'un repli
A l'endroit où le col aux épaules s'attache,
Fond, le perce ! On n'aurait pas fait l'*o*, même l'*i*
Qu'il était embrasé, tombé tout en poussière !
A peine est-il détruit que se réunissant
Sa cendre d'elle-même en un bloc s'entassant
   Soudain retourne à sa forme première !
Ainsi meurt et renaît après cinq siècles pleins

Le phénix, si l'on croit des savants qu'on renomme,
L'oiseau ne se nourrit ni d'herbes ni de grains,
  Mais de pleurs d'encens et d'amome,
Et la myrrhe et le nard embaument ce tombeau
  Qui va devenir un berceau.
Le mortel ignorant à quelle force il cède
  Sous le démon qui le possède,
Ou vaincu par le mal qui tient l'homme enchaîné
Tombe. S'il se relève, à l'entour étonné,
A peine de ses sens ayant repris l'empire,
Et dans l'angoisse encore, il regarde et soupire;
Tel renaît de sa cendre et se tient le pécheur.
Pour frapper de tels coups quelle est donc ta rigueur
O justice divine, ô terrible vengeance?

 « Dis-nous ton nom, dis-nous le lieu de ta naissance,
Lui demanda mon chef.

      — Depuis peu, répond-il,
Je tombai de Toscane en cet affreux exil;
Mes plaisirs furent ceux des brutes non de l'homme.
Dans l'antre de Pistoie animal retiré,
Bâtard, je fus souvent au mulet comparé,
  C'est Vanni Fucci qu'on me nomme. —

O mon maître, dis-lui qu'il ne se cache pas,
Demande-lui comment il est plongé si bas,
  C'était là-haut un homme de carnage,
  Moi je l'ai connu furieux:

  Sans se cacher, entendant mon langage,
Il arrête sur moi sa pensée et ses yeux;
Une triste vergogne altérait son visage.

— Alors qu'on me ravit la lumière des cieux ,
Dit-il , j'en souffris moins qu'aujourd'hui je ne souffre
D'être trouvé par toi misérable en ce gouffre.
Il me faut à tes vœux satisfaire , ô mortel ;
C'est le vol qui m'a mis si bas dans cet abîme ;
De ses beaux ornements je dépouillai l'autel ,
A tort un autre fut accusé de mon crime.
Mais si tu sors jamais de ces horribles lieux ,
Pour que de m'avoir vu tu ne sois pas joyeux ,
Viens , que de l'avenir je te montre la voie ;
  Des Noirs d'abord s'affaiblira Pistoie,
D'habitants et de mœurs Florence changera ;
  Mars fait sortir du vallon de Magra
Des vapeurs recélant un terrible nuage
  Qui sur les champs de Picenum s'abat ;
    Regarde, il soutient un combat
Contre un impétueux et menaçant orage ;
Du nuage entr'ouvert le tonnerre parti ,
De tous les Blancs foudroiera le parti.
    Et puisse ma parole vraie
Te faire au fond de l'âme une profonde plaie ! —

CHANT XXV.

Septième fossé. — Mélange de deux pécheurs. — Transformation de deux autres.

➤◇◀

A la fin de ces mots le voleur avec fiel
Élevant les deux poings dont il nargue le ciel,
S'écrie :

    — O Dieu, c'est toi que je brave, toi-même! —

Un serpent (depuis je les aime)
S'entortille à son cou comme s'il avait dit :
Tu ne parleras pas davantage, maudit.
Un autre sur ses bras et s'élance et les plie,
S'abaisse sur son sein, et là si bien les lie
    Que le voleur ne peut plus les bouger.
Puissent tes murs, Pistoie, en cendres se changer;
    Il vaut mieux périr dans les flammes
Que de donner le jour à de pareilles âmes!
Je n'avais pas trouvé dans les cercles obscurs

Tant d'orgueil contre Dieu, pas même de cette ombre
  Que le Thébain vit tomber sous ses murs.
Le voleur s'enfuyait et taciturne et sombre ;
Et je vis un centaure accourir furieux,
En s'écriant : *Où donc est cet audacieux ?*
Les Maremmes, je crois, en serpents si fertiles,
  Nourrissent moins nombreux reptiles
Que ceux qui lui couvraient la croupe jusqu'au point
  Où commençant l'homme au cheval se joint.
Un dragon sur son dos les griffes appuyées,
Agitait vers son cou ses ailes déployées,
Et sur les morts lançait des flammes en passant.

« Tu vois Cacus, me dit celui qui me gouverne ;
  Sous l'Aventin de sa caverne
Plus d'une fois il fit un lac de sang.
Avec tous ses pareils plus haut s'il ne chemine,
  C'est que par un vol frauduleux
Il prit un grand troupeau dans la plaine voisine,
C'est le dernier forfait que ce monstre hideux
  Durant sa vie ait pu commettre ;
Car il fut abattu par Hercule, et peut-être
De cent coups de massue il n'en sentit pas dix. »

Mon guide ainsi parlant, lui traversait agile.
Mais au-dessus de nous sont venus trois maudits.
Ils n'attirent mes yeux et ceux du bon Virgile
  Qu'en s'écriant :

                    — Qui voyons-nous ici ? —

  Virgile interrompt son récit,
Et nous les regardons du sommet de la rive.
Ils m'étaient inconnus ; mais il leur arriva

13

De se nommer entr'eux , comme il arrive.
Ils se disaient : — *Où donc est demeuré Cianfa ?* —
Pour que rien ne troublât notre oreille attentive ,
Mon doigt jusques au nez du menton s'éleva.
Au châtiment qui suit si tu ne pouvais croire ,
    Lecteur , j'en serais peu surpris ;
Moi qui l'ai vu j'en crois à peine ma mémoire.
    Je considérais ces esprits ;
Sur l'un d'eux un serpent de ses six pieds s'élance ,
    Le saisit avec violence ;
Il lui serre les flancs de ses pieds du milieu ,
Sous ses pieds de devant les bras tendus se fendent ;
Il lui mord chaque joue avec ses dents de feu ;
    Ses autres pieds sur les cuisses s'étendent ,
Et sa flexible queue entre elles deux passant
Se colle sur ses reins tout entier l'enlaçant.
Le lierre à l'ormeau moins fortement s'implante
Que l'horrible serpent dans le corps du voleur.
Puis, comme s'ils étaient de la cire brûlante ,
Ils se fondent ensemble , ils mêlent leur couleur ,
Ce qu'on voit n'est déjà ni le serpent ni l'ombre.
    De même que l'on a pu voir
Le papier sur le feu prendre une teinte sombre ,
N'être déjà plus blanc n'étant pas encor noir.
Les deux autres damnés regardant ces mélanges ,
    Criaient :

        — Hélas ! Agnel, comme tu changes !
Vois , déjà tu n'es un ni deux ! —

En un seul chef les deux têtes se fondent !
Se perdant pour former un visage hideux
    Les deux figures se confondent.

De quatre bras deux restent désormais :
Jambes, cuisses, ventre, poitrine,
Conservant tout et rien de leur double origine,
Recomposent un corps tel qu'on n'en vit jamais.
Cette chose, qui n'est ni simple ni diverse,
Promenait à pas lents son image perverse.
Tel quand la canicule embrase l'horizon,
Le lézard changeant de buisson
Traverse le sentier comme l'éclair rapide ;
Vers les deux autres morts l'œil et les dards brûlants,
Tel un serpent s'élance à la hauteur des flancs,
Noir comme un grain de poivre, et petit et livide :
Il perce à l'un de ces damnés
L'endroit qui nous nourrit avant que d'être nés,
Puis tombant à ses pieds s'étend en sa présence.
L'esprit blessé l'observait en silence,
Et, comme si le sommeil l'assaillait
Ou la fièvre, immobile il bâillait, il bâillait.
Tous deux se regardaient sans changer de posture ;
Or par sa bouche l'un, l'autre par sa blessure
Vomissent des brouillards aussitôt confondus.
Oh ! que Lucain ne vienne plus
Nous vanter la triste aventure
De Sabellus et de Nassidius,
Mais écoute le trait que décoche ma muse.
Qu'Ovide cesse encor de changer à nos yeux
En reptile Cadmus, en fontaine Aréthuse,
Je ne jalouse pas ses chants ingénieux ;
Ovide n'a jamais peint la métamorphose
De deux êtres divers face à face posés,
L'un à l'autre prenant tout ce qui le compose,
Promptement métamorphosés.

Voyez, quand s'opéraient leurs changements suprêmes,
Ou se fendre ou s'unir par un effort commun,
Ici la queue en deux, là les deux pieds en un !
Les jambes du blessé, ses cuisses elles-mêmes
     Se réunissaient à tel point,
Qu'on ne soupçonnait pas où se formait le joint.
Chez l'homme en même temps que les pieds disparaissent
     Chez le serpent on les voit qui renaissent :
     Si d'un côté la peau se durcissait
          De l'autre elle s'amollissait :
     Les bras de l'homme aux aisselles se plongent,
Et les pieds les plus courts du reptile s'allongent ;
Les deux pieds de derrière ensemble se tordant
Deviennent ce qu'aux yeux cache la modestie,
Et de l'homme aussitôt cette même partie
     Forme deux pieds en se fendant ;
     Les vapeurs qui les environnent
A l'homme ôtent le poil qu'au serpent elles donnent ;
Ils échangent aussi leurs couleurs, puis l'on voit
L'un s'affaisser rampant, l'autre se lever droit ;
Ils se fixent toujours d'un œil impitoyable,
Et la tête procède à l'échange incroyable :
Des amas de chair sont vers la tempe amenés ;
     Et d'abord de la joue informe
Pour le monstre debout chaque oreille se forme ;
Puis du reste se font les lèvres et le nez.
Le museau du gisant s'allonge, ses oreilles
Dans la tête soudain se retirent pareilles
     Aux deux cornes d'un limaçon.
Sa langue, jusque-là d'un seul jet élancée,
Par la parole habile à rendre la pensée
     Se fend en un double aiguillon ;

L'autre unit ses deux dards et la vapeur s'arrête.
　L'âme qui vient de se changer en bête
　　Fuit par la vallée en sifflant,
　　L'homme la suit et crache en lui parlant ;
Puis, lui tournant le dos, adresse la parole
Au troisième damné qui reste stupéfait :

— Je veux que du serpent Buoso prenne le rôle,
Et rampe en ce sentier ainsi que je l'ai fait. —

Dans la septième fosse, où les peuples coupables
　Souffrent livrés aux serpents sur les sables
　　J'ai vu ces divers changements.
　　De trop longs développements
　　Pour les peindre si l'on m'accuse,
　Leur nouveauté me servira d'excuse.
　　Quoique tant de faits merveilleux
M'eussent troublé l'esprit et fatigué les yeux,
Ils ne peuvent, fuyant à travers les lieux sombres,
　　Si bien me dérober leurs ombres
　　Que je ne connaisse leurs noms :
L'un d'eux est Sciancato ; seul de ses compagnons
Il avait évité toute métamorphose ;
L'autre de tes malheurs, ô Gaville, fut cause.

CHANT XXVI.

Huitième fossé où brûlent les mauvais conseillers. — Ulysse raconte son voyage et sa mort.

〰️◇〰️

O Florence , connue et sur terre et sur mer,
Réjouis-toi, ton nom plane aussi dans l'enfer !
Des voleurs que j'ai vus cinq étaient de Florence,
   Et ce qui fut une honte pour moi
   Ne doit pas être un grand honneur pour toi.
Si le rêve au matin est plus qu'une apparence ,
Ton malheur est prochain , tu le sauras bientôt,
Plus que partout ailleurs on le veut au Prato.
Ah ! que n'est-il venu ce jour qu'il faut qu'on voie !
Hâte-toi , jour fatal , ce spectacle odieux
M'abattra d'autant plus que je serai plus vieux.
Nous partons, reprenant notre première voie.
Chaque rocher nous sert d'échelon et d'appui,
Le chef monte d'abord , puis il me tire à lui.

De roc en roc, de saillie en saillie,
  Dans le solitaire chemin
Le pied ne bouge pas sans l'appui de la main.
Hélas ! quelle douleur ! quand l'âme recueillie
  Me rappelle ce que j'ai vu,
Je tiens d'un frein plus court mon génie indocile,
Afin que dans sa course il suive la vertu :
  Je ne veux pas rendre inutile
Le bien que m'accorda mon astre protecteur
  Ou quelqu'autre pouvoir meilleur.
Après les plus longs jours quand le soleil se couche,
A l'heure où le cousin vient remplacer la mouche,
Du haut de la colline un villageois lassé
Ne voit pas voler plus de lucioles vermeilles
  Sur les moissons ou les fruits ou les treilles,
    Qu'au fond du huitième fossé,
    Aussitôt que nous arrivâmes,
Je ne vis resplendir et voltiger de flammes.
Tel celui dont les ours deviennent les vengeurs
Voit Élie et son char lancés dans l'étendue
Du firmament bientôt atteindre les hauteurs ;
Puis lorsque les coursiers sont à perte de vue
La flamme rester seule et n'être plus aux yeux
Qu'un nuage léger qui monte dans les cieux ;
Tel je vois mille feux dont le gouffre étincelle,
  Me dérobant ce que chacun recèle,
Emporter un maudit sous la flamme caché.
Sur le pont pour mieux voir je m'étais tant penché
Que si l'éclat d'un roc n'eût arrêté ma chute,
Jusqu'au fond sans heurter j'aurais fait la culbute.
Tandis que je regarde avec étonnement
    Virgile me dit :

« Dans les flammes
Dont elles forment l'aliment
Sous des corps tout de feu se consument des âmes »

A mon maître je répondis :

Au doute que j'avais tu donnes l'assurance,
    Et soupçonnant déjà ce que tu dis,
J'allais te demander quel feu vers nous s'avance,
Qu'on voit par le sommet en deux se partager ?
    On dirait qu'il sort du bûcher
Où les frères thébains furent brûlés ensemble.

« Ulysse et Diomède en ce feu sont punis,
Répond-il : au carnage ils coururent unis,
    Même châtiment les rassemble.
    Ah ! qu'ils regrettent le cheval
Pour lequel on ouvrit, stratagème fatal,
    La porte d'où sortit cet homme
    Ancêtre des peuples de Rome.
De flammes recouverts ils pleurent dans leur sein
Cette ruse qui fait que même après la vie
    D'Achille encor se plaint Déidamie :
Là du palladium est puni le larcin. »

    Je te le demande et t'en prie,
Oui mille et mille fois, maître, je t'en supplie :
La flamme aux deux sommets approche, oh ! si leurs voix
    Malgré les feux peuvent se faire entendre,
    Prends en pitié le trouble où tu me vois
    Et permets-moi de les attendre.

« On ne peut qu'applaudir à de si justes vœux,
    Répond-il avec bienveillance :

Tu seras satisfait mais garde le silence :
    Va, je conçois ce que tu veux,
Grecs ils résisteraient peut-être à ton langage,
    A leur parler moi je m'engage. »

Près de nous cependant cette flamme vola,
Et, temps et lieu bien pris, Virgile ainsi parla :

    « Si lorsque je vivais moi-même
    Je vous chantai dans mon noble poëme,
Esprits, double habitant d'un même corps de feu ;
    Si votre nom me doit beaucoup ou peu
Arrêtez-vous et que l'un de vous nous apprenne
    Où finit sa course incertaine. »

La flamme qui des deux le plus haut s'élançait
    En murmurant s'abaisse, tremble,
    Comme si le vent la poussait,
Agite en sens divers sa cime qui ressemble
    A la langue qui va parler,
Et la voix en ces mots peut enfin s'exhaler :

    — Près de Gaëte, avant qu'Énée
Par ce nom consacrât un souvenir pieux,
Circé loin des humains durant plus d'une année
M'avait tenu captif. Quand je quittai ces lieux
    Ni le respect pour mon vieux père,
Ni les grâces d'un fils, ni le destin prospère
    Que Pénélope esclave de l'amour
    A le droit d'attendre en retour,
Rien ne peut l'emporter sur l'ardeur qui m'entraîne
A connaître par moi chez les peuples divers
    Qui couvre le vaste univers

Ce que vaut ne vaut pas toute la race humaine !
Je brave les fureurs des abîmes profonds
Avec un seul navire et quelques compagnons
     Dont l'inébranlable courage
     Demeura fidèle à mon sort.
Nous venons visitant l'un et l'autre rivage
En Espagne, à Maroc, mais en passant d'abord
     Nous voyons avec la Sardaigne
Les pays que la mer de tous les côtés baigne :
Tous fatigués et vieux nous arrivons enfin
Au détroit où, posant une borne inutile ,
Des pas de l'homme Hercule avait marqué la fin :
Ceuta fuit à ma gauche, à ma droite Séville.

Frères, dis-je , à travers des périls inconnus
Aux rives du couchant nous voici parvenus.
     Nos sens, car nos rides l'attestent ,
    S'endormiront bientôt du long sommeil ;
Craindrons-nous , ménageant quelques jours qui nous reste
D'aller et de franchir la ligne du soleil ?
Loin par delà le cours que trace son orbite
Il est de grands pays qu'aucun peuple n'habite,
Osons, nous rappelant quels furent nos aïeux,
     Voguer vers ces bords périlleux.
Pratiquer la vertu, poursuivre la science
Des brutes et de nous telle est la différence.

    Ce peu de mots aiguillonne les cœurs
Au point que je n'aurais pu retenir leur troupe !
     A l'orient tournant la poupe
Nous quittons le détroit, les avirons vainqueurs
Aux deux flancs de la nef, semblables à des ailes,
Nous font voler hardis sur ces ondes nouvelles ;

Toujours à gauche incline le vaisseau,
L'astre du nord sort à peine de l'eau,
  La nuit soulevant d'autres voiles
De l'autre pôle aperçoit les étoiles ;
Et, la lune cinq fois avait au haut des cieux
Éteint et rallumé son disque radieux,
Depuis que dépassant la terrible colonne
De ces flots inconnus nous bravions le courroux ;
  Un mont se dresse devant nous !
A cause du lointain le brouillard l'environne,
Il se perd dans la nue et je ne vis jamais
Les autres monts si haut élever leurs sommets.
  Hélas ! à nos chants d'allégresse
Succèdent aussitôt les cris de la détresse !
Un tourbillon sorti de ce pays nouveau
Accourt, frappe en grondant les flancs de mon vaisseau,
Le fait tourner trois fois avec toutes ses ondes :
La quatrième fois, ainsi le veut le sort,
Il soulève la poupe, il la soulève encor,
Et nous disparaissons au sein des mers profondes. —

CHANT XXVII.

Même fossé. — Gui de Montfeltre.

꧁◇꧂

Mon maître le permet, et la flamme déjà
Cesse de nous parler, se redresse et s'en va.
Une autre qui la suit par une voix plaintive
Appelle à son sommet notre vue attentive ;
Aux bords siciliens telle mugit la voix
  Du bœuf qui par de justes lois
D'abord servit d'organe à la plainte sauvage
 De l'ouvrier dont il était l'ouvrage :
 Quoique le bœuf fût d'airain tout entier,
  En entendant la victime crier,
  On eût dit que c'était de rage ;
Tel de bouche privé cet esprit gémissant
Exhale en sons confus l'angoisse qu'il ressent.
Mais la flamme, à la voix pour ouvrir un passage,

Se meut comme la langue et forme ce langage :

— Toi, disait-il, qui viens, en parlant mon Lombard ,
De lui dire : *Va-t-en , que rien ne te retienne* ,
   Ah ! permets que je t'entretienne.
Peut-être près de toi suis-je arrivé trop tard ?
Un seul instant ! Tu vois, dans la flamme funeste
   Je brûle et cependant je reste.
Nouvellement tombé dans l'abîme éternel
Viens-tu des bords latins , de cette douce terre
    Où je vécus si criminel ?
Les Romagnols ont-ils ou la paix ou la guerre ?
    Parle-moi , parle, je suis né
   Dans les montagnes, chaîne immense,
Entre Urbin et les monts où le Tibre commence. —

Je l'écoutais encore attentif , incliné ;
Me poussant le côté :

       « Parle-lui , dit le maître ,
   C'est un Latin. »

       Et moi , sans plus remettre ,
Je dis , car je savais ce qu'il voulait savoir :

Esprit que sous la flamme on ne peut entrevoir ,
Au cœur de ses tyrans la Romagne est en guerre ,
Il en sera toujours ainsi ; pourtant naguère
   Rien ne semblait troubler ses habitants.
Ravenne est aujourd'hui ce qu'elle fut longtemps ,
L'aigle de Polenta la couvant sous son aile
Protége aussi Cervia. Cette terre immortelle
Qui par de longs travaux mérita le succès ,
   Et s'abreuva de sang français ,

Du lion vert demeure l'apanage ;
Les dogues de Verruch, et le jeune et le vieux,
Dont Montagna se plaint, toujours aux mêmes lieux
      Exercent leurs crocs au carnage.
Le lionceau changeant du printemps à l'été,
De son nid blanc commande à la double cité,
Des bords du Santerno, des rives du Lamone.
Cesenna dans ses flancs où le Savio résonne,
Joint le mont à la plaine, et ses peuples divers,
Indépendants ici, là sont chargés de fers.
Maintenant quel es-tu, réponds à ma prière
Comme on fit à la tienne, et puisse l'avenir
      Garder là-haut ton souvenir !

La flamme quelque temps rugit à sa manière,
Et sa cime d'abord en tout sens vacilla,
Puis en voix se formant, le souffle ainsi parla :

      — Si je croyais que dans le monde
L'être auquel je réponds dût jamais remonter,
Ma flamme cesserait soudain de s'agiter ;
      Mais de cette fosse profonde,
      Si toutefois j'ai bien compris,
      Jamais ne sortent les esprits ;
Je peux donc sans risquer de ternir ma mémoire
De mes coupables jours te raconter l'histoire.
De soldat que j'étais je me fis cordelier,
En me serrant les reins de la pieuse corde
J'espérais obtenir grâce et miséricorde :
      J'allais me réconcilier,
Quand un pape (ah ! qu'il souffre une peine éternelle !)
Devant mes pas rouvrit ma route criminelle :

Apprends ce qu'il me demanda,
Et comment il me décida :
Tant que je gardai sur la terre
Et la chair et les os qu'un fils tient de sa mère,
J'apportai dans chaque action
La ruse du renard, non le cœur du lion :
Des plus sombres détours j'avais l'expérience
Et je m'étais si bien instruit dans la science,
Des moyens tortueux et des chemins couverts,
Que cet art me rendit fameux dans l'univers.
Quand j'atteignis ce point de la vie où les sages
Devraient plier la voile et rouler les cordages,
Ce qui jusques là m'avait plu,
Je le pris en dégoût, je m'avouai coupable,
Et sans doute, hélas ! misérable,
J'aurais pu faire mon salut ;
Mais un successeur de saint Pierre
Chef des nouveaux Pharisiens,
Près de Latran faisait la guerre
Non aux Turcs, non aux Juifs, mais à de bons chrétiens!
Ils n'avaient pas trempé dans le massacre
Qui rougit autrefois les murs de Saint-Jean d'Acre :
Dans le pays où règne le soudan
Aucun ne s'était fait marchand :
Oubliant ses devoirs, la dignité suprême
Il ne respecta pas mon cordon, vieil emblème
Du plus austère repentir.
Du mont Soracte un jour Constantin fait sortir
Sylvestre premier qu'il conjure
De guérir une lèpre impure ;
De même près de lui me faisant appeler,
Pour guérir son orgueil il demande un remède

Contre la fièvre qui l'obsède.
Moi je demeure sans parler,
Car chaque mot me semble un délire funeste.
Il ajoute alors :

« Ne crains rien ,
» Je t'absoudrai ; donne-moi le moyen,
» Le moyen d'abattre Préneste ;
» Je peux fermer le ciel ou l'ouvrir à mon gré,
» De mon prédécesseur la molle complaisance
» Des saintes clefs m'a remis la puissance ;
» Tu le sais, je peux tout, eh bien ! je t'absoudrai. »

Ces mots en mon esprit ne laissent plus de doute,
Le silence paraît seul offrir du danger.
   Puisque du crime où je vais m'engager
D'avance tu m'absous, saint-Père, dis-je, écoute :
Promets tout, ne tiens rien et tu triompheras.

   Aussitôt après mon trépas
   François demande ma pauvre âme ;
   Mais un chérubin noir survient
Qui lui dit :

   « Halte-là, cet homme m'appartient ,
» Et des damnés la troupe le réclame :
» Sitôt qu'il eut donné le conseil frauduleux
   » Je le saisis par les cheveux ;
» Personne n'est absous sans repentir, personne ;
» Se repentir d'un crime ensemble et le vouloir
   » Cela peut-il se concevoir ? »

Malheureux que je suis ! oh ! comme je frissonne

Quand il me prend et dit :

                    « Peut-être bien
» Tu ne me croyais pas si bon logicien ? »

Il me porte à Minos; le juge inexorable
Se ceint huit fois le dos de sa queue implacable,
     Transporté de rage il se mord,
Puis il dit : *Que la flamme enveloppe ce mort.*
   Voilà pourquoi ma pauvre âme perdue
Marche, ainsi que tu vois, de flammes revêtue. —

Il dit, part gémissant : la cime dans son cours
     Se tord et s'agite toujours.
   Mon guide et moi nous remettant en marche
   Nous passons outre et gagnons une autre arche
Sous laquelle est en proie à sa punition
     Tout fauteur de division.

CHANT XXVIII.

Neuvième fossé où sont punis les fauteurs de discordes et les au-
teurs de schismes — Mahomet, Pier da Medicina, Mosca,
Bertram de Born.

⯈◇⯇

Qui pourrait même en prose et par mille peintures
Dire ce que j'ai vu de sang et de blessures ?
Au-dessous du sujet la langue restera.
  Et quel style jamais rendra
  Ce que l'esprit n'imagine qu'à peine ?
Prenez tous les guerriers qu'en son heureuse plaine
La Pouille vit tomber sous les coups des Romains :
Joignez-y tous les morts de cette longue guerre
Qui, suivant Tite-Live historien sincère,
Priva de leurs anneaux tant d'héroïques mains :
Ceux que Guiscard punit légions d'infidèles :
Ceux dont on voit encor les dépouilles mortelles
  A Cépéran où tout Apulien
  Du serment rompit le lien :

Ceux que le vieux Alard sans recourir au glaive
    Vainquit près de Tagliacozzo :
De tous ces morts que le peuple se lève
Et que chacun étale au sortir du tombeau
Ou ses membres percés ou sa chair mutilée ;
Vous n'assisterez pas aux spectacles d'horreur
    Qu'offre là neuvième vallée !
Des cuisses au menton dans toute la longueur
    L'un est pourfendu, je le trouve
Comme un baril sans fond dont on ôte une douve :
Entre les deux genoux les intestins pendaient,
    Du cœur à nu les artères battaient :
On voyait, ô dégoût! cette poche où se jette
L'inutile aliment que l'estomac sécrète.
Je l'observe, il me voit : de l'une et l'autre main
    Avec effort il s'entr'ouvre le sein :

— De cette plaie ainsi j'élargis l'ouverture,
Dit-il, de Mahomet contemple la torture.
Le visage fendu du haut jusques en bas,
Ali marche en pleurant et précède mes pas.
Les autres que tu vois dans la fosse fatale,
Sur la terre ont semé le schisme et le scandale,
Voilà ce qui leur vaut ce hideux châtiment.
Un diable en brandissant sa formidable épée
    Nous suit, impitoyablement
Taille, tranche, pourfend : la chair, ainsi coupée,
Quand du triste chemin nous commençons le tour,
    Se trouvant fermée au retour,
Seul sous le glaive affreux rouvrir sa cicatrice.
    Mais toi qui sembles sur ce pont
    Vouloir retarder le supplice

Qu'à tes forfaits marqua la céleste justice,
  Qui donc es-tu ? —

                  Mon maître lui répond :

« Ce n'est ni le péché ni la mort qui l'amène.
  Et moi comme vous ombre vaine,
  Je sers de guide à ce mortel ;
  De cercle en cercle pour l'instruire
  Jusqu'au fond du gouffre éternel
  Il me faut ainsi le conduire ;
  C'est aussi vrai que tu m'entends. »

A ces mots du fossé plus de mille habitants
Restent, portant sur moi leur vue émerveillée,
Et leur souffrance en est un moment oubliée.

— Au pays du soleil quand tu retourneras
  A frère Dolcin tu diras
  Que, s'il ne veut grossir notre cortége,
  Il doit avant que ne tombe la neige
  Se ravitailler promptement,
Sinon les Novarais pourront facilement
Abréger leurs travaux et hâter sa défaite. —

  En disant ces mots le prophète
Pose à terre le pied qu'il tenait suspendu
Et part. Un autre mort qui n'a plus qu'une oreille,
Dont la bouche est coupée et le nez tout fendu
S'arrête et me regarde ainsi qu'une merveille :
Beaucoup d'autres damnés me regardaient aussi ;
Mais ouvrant le premier sa bouche ensanglantée
  Il me dit :

     — Toi , qui ne viens point ici
Expier d'un forfait la peine méritée ,
Au pays des Latins mon œil t'a vu déjà ,
Si je ne suis trompé par tant de ressemblance.
   Rappelle-toi Pier da Medicina.
Si tu revois le lieu de ma première enfance
   Qui de Verceil descend à Marcabo ,
   Ne laisse pas périr ma renommée ,
Et dis à ser Guido comme à ser Cagnano ,
   Les deux meilleurs citoyens de Fano ,
Que , si de l'avenir l'ombre est bien informée ,
   Auprès de la Catholica
Du plus cruel tyran la trahison profonde
Les fera de leur nef précipiter dans l'onde.
   Entre Chipre et Majolica ,
Les pirates jamais, les brigands de la Grèce
A la mer n'ont montré tant de scélératesse.
Ce traître borgne qui commande aux régions
Que voudrait ignorer l'un de mes compagnons
Les mandera , voulant avoir en apparence
   Avec eux une conférence ;
Mais l'ordre est bien donné, plus il ne leur faudra
Ni prières ni vœux au vent de Focara.—

Si tu veux que de toi je parle sur la terre
Montre-moi, dis quel est l'esprit fauteur de guerre
Qui regrette en ces lieux d'avoir porté ses pas ?

   Alors levant la main , il touche
La mâchoire d'un mort dont il ouvre la bouche :

—Le voici, me dit-il, mais il ne parle pas.
Quand de César encor l'âme était combattue

Lui, banni, par ces mots le décide : *Un projet*
Ne peut pas sans dommage attendre son effet. —

Ah ! combien me sembla consternée, abattue
L'ombre de Curion ! La langue en son gosier
Avait été coupée au hardi conseiller.

  De ses mains privée une autre ombre
  Levait ses moignons dans l'air sombre,
Le sang en dégouttait sur son visage affreux.

—Souviens-toi de Mosca, criait-il ; malheureux
Je dis : *Ce qu'on a fait est fait.* Cette sentence
Du malheur des Toscans fut l'horrible semence. —

Et de la mort des tiens, ajoutai-je.

        Mosca

  Sentant sa douleur redoublée
  Par le cercle éternel s'en va
  Comme une âme triste, accablée.
Je regardais toujours : ô spectacle imprévu !
Sans prouver mon récit que par mon témoignage
  A peine j'aurais le courage
  De raconter ce que mes yeux ont vu,
  Si ma conscience infaillible,
Bouclier protecteur, témoin incorruptible,
Ne m'enhardissait pas à faire mon devoir.
J'ai vu certainement, je crois encor le voir,
Un de ces malheureux venant vers la poterne
Comme ses compagnons dans le triste chemin
  S'avancer sa tête à la main !
La tenant aux cheveux, ainsi qu'une lanterne
Il la portait semblant en éclairer ses pas.
Elle nous regardait et s'écriait : *Hélas !*

Un en deux deux en un! Comment un tel prodige?
Qui l'a fait seul le sait. Moi je l'ai vu, vous dis-je.
　　Lorsque du pont il eut gagné le pied,
Il leva haut le bras avec son chef entier,
Pour rapprocher de nous ce qu'il avait à dire :

　　—Vois, cria-t-il, quel horrible martyre !
Toi qui peux respirer ici, regarde bien,
Vois s'il est un supplice aussi grand que le mien ;
Mais afin que de moi tu parles sur la terre
　　　　Sache que je suis ce Bertram
　　　　Qui fit tant de mal au roi Jean ;
J'armai l'un contre l'autre et le fils et le père :
　　D'Achitofel le perfide aiguillon
N'entra pas plus au cœur de David, d'Absalon.
De la nature ayant brisé l'étroite chaîne,
Je porte mon cerveau, tandis que dans ce corps
Demeure son principe, hélas! Et chez les morts
Du talion en moi s'éternise la peine. —

CHANT XXIX.

De tant de morts sanglants les diverses douleurs
Avaient troublé mes yeux comme énivrés de pleurs ;
Le regard vacillant je pleurais immobile.

« Que fais-tu donc ? me dit Virgile ,
Pourquoi tant regarder en proie à leurs malheurs
Toutes ces ombres mutilées ?
Tu n'étais pas ainsi dans les autres vallées ,
Prétendrais-tu compter les morts de ce séjour ?
Songe que leur fosse a vingt-deux milles de tour.
La lune est sous nos pieds, bien peu de temps nous reste ,
Tu n'es pas à la fin du spectacle funeste. »

O dis-je ! si ton œil , maître , eût été frappé
Du triste objet dont je suis occupé ,
De m'arrêter encor tu m'aurais fait la grâce.

Il marchait cependant et je suivais sa trace.
    Puis j'ajoutai :

            Dans ces horribles lieux
    Où j'attachais avidement les yeux
    Je crois qu'un mort de ma famille pleure
Ses crimes bien punis.

                « Ne te détourne pas,
Dit le maître, du but où tendent tous tes pas
Pense à d'autres objets. Et pour lui, qu'il demeure.
    Au pied du pont debout dans le tombeau
Il te montrait du doigt aux foules gémissantes ;
Je l'ai vu t'insulter de ses mains menaçantes,
Et le nom qu'on lui donne est Geri del Bello ;
Au lieu qu'il occupait quand se porta ta vue
        Quittant à la fin Hautefort,
Il poursuivait au loin sa route interrompue. »

Maître, dis-je, il périt de violente mort.
        En lui sa famille outragée
    A supporté la honte et ne s'est pas vengée ;
Voilà ce qui l'indigne et, je pense, pourquoi
        Sans me parler il s'éloigne de moi ;
        Cette vengeance qu'il demande
        Pour ses malheurs rend ma pitié plus grande.
    Tout en parlant ainsi nous arrivons
        Jusques à la fosse voisine
        Et du rocher qui la domine,
Si le jour eût été moins sombre nous aurions
Découvert tout le fond de la dernière enceinte.
Sur le dixième cloître à la fin parvenus
        Nous pûmes en voir les reclus

15

Le dard de la pitié qu'une innombrable plainte
Me lance , dans mon cœur s'enfonce tout entier !
      Pour ne plus entendre crier
    Avec les mains je bouche mes oreilles.
    On frémirait à des douleurs pareilles
Si dans un même gouffre on entassait les maux
Qu'enferment au mois d'août les vastes hôpitaux
      De Valdichiana , des Maremmes
      Et de la Sardaigne ; il en sort
Une odeur que n'ont pas les cadavres eux-mêmes.
Descendant le rocher jusques au dernier bord
      Nous tournons à gauche et ma vue
Du fossé moins obscur découvre l'étendue ,
Où le Dieu qui voit tout par de justes rigueurs
      Punit les falsificateurs.
      Moins de tristesse , j'imagine ,
      Dans son aspect offrait l'île d'Egine ,
Alors qu'empoisonnés des miasmes de l'air,
L'homme , les animaux , jusqu'au plus petit ver
Moururent tous ! au point, nous dit la poésie,
      Que des fourmis la race fut choisie
Pour rendre au bord désert ses anciens habitants.
Bien triste dut paraître Egine dans ce temps ;
      Mais moins que la sombre vallée
Où de ces malheureux entassés par monceaux
L'un l'autre se portant sur le ventre ou le dos
La foule languissait gisante , désolée.
J'en vis qui sur leurs pieds ensemble et sur leurs mains
Se traînaient abrutis par les tristes chemins.
      Au-dessus de l'immonde couche,
Où souffrent des lépreux les tristes nations,
      En regardant , écoutant , nous allions

l'as à pas, sans ouvrir la bouche.
La plupart ne pouvaient se lever sur leurs pieds.
J'en vis deux accroupis l'un à l'autre appuyés
Comme un vase qui chauffe auquel un autre touche.
Leur corps s'offre partout de croûtes dégoûtant.
Non jamais le valet que son seigneur attend
     Ni celui que le sommeil presse
N'ont fait courir l'étrille avec tant de vitesse
Que je vois la fureur de leurs ongles courir,
Tant les démange un feu qui ne se peut souffrir.
Ainsi que du poisson les plus larges écailles
     Se détachent sous le couteau,
De même ils arrachaient les croûtes de leur peau.

« Toi qui fais de tes doigts étrilles ou tenailles,
S'adressant à l'un d'eux dit mon guide, apprends-nous
Si quelque Italien se trouve parmi vous :
Et que puisse ton ongle à tout jamais suffire
     A la rage d'un tel martyre ! »

    — Nous deux qu'ainsi tu vois se déchirant
Sommes Italiens, répond l'un en pleurant;
    Mais quel es-tu, toi, qui veux nous connaître ? —

    « Avec ce vivant, dit le maître,
    De gouffre en gouffre dans ces lieux
Je descends, et je dois tout montrer à ses yeux. »

Laissant leur point d'appui ces damnés qui frémissent
Se retournent vers moi, me regardent surpris...
En l'entendant parler mille autres morts bondissent.

« Tu peux, interrogeant toi-même ces esprits
    Leur demander ce que tu veux apprendre, »

Me dit-il contre moi serré.

Et dès qu'il se fut retiré ,
Je commençai sans plus attendre :

De votre nom puisse le souvenir
Vivre longtemps dans l'avenir !
Qui donc étiez-vous l'un et l'autre ,
Répondez-moi , quel pays est le vôtre ?
Que ce mal dévorant , honteux et triste sort ,
N'empêche point vos voix de répondre à la mienne.

— Moi je suis d'Arezzo, dit l'un ; Albert de Sienne
Me fit jeter au feu ; ce qui causa ma mort
Ne m'a pas mérité cette implacable rage.
Je lui disais un jour par simple badinage :
    Je saurais bien voler dans l'air.
    Trop curieux, l'extravagant Albert
Veut que mon art en lui ressuscite Dédale !
Vain espoir ! Il me livre à la flamme fatale
Qu'alluma le pasteur qui le croyait son fils ;
    Au fossé le dernier des dix
Minos , dont on ne peut corrompre le génie
Me plongea pour avoir pratiqué l'alchimie. —

Poëte, dis-je alors, où rencontrer jamais
    Une nation aussi vaine
    Que le sont les peuples de Sienne ?
Ils l'emportent sur tous , même sur les Français !

— Tu devrais , reprit l'autre , en excepter , je pense
Stricca , qui sut si bien modérer sa dépense :
    Et du girofle apporté d'Orient

Niccolo le premier qui fit la *riche mode* :
  Et cette bande à l'austère méthode
  Dans laquelle Caccia d'Ascian
Sut dissiper sa vigne et sa haute futaie ,
Et l'Abbagliatt' montrer ce grand sens qui m'effraie.
    Celui qui contre les Siennois
Pour seconder la tienne élève ainsi la voix
(Tâche de retrouver ma physionomie),
  Est Capocchio fameux dans l'alchimie ,
    Qui falsifia les métaux.
  Et si mon œil connaît bien ta figure
Tu dois te souvenir qu'en mes hardis travaux
Assez habilement je singeais la nature. —

CHANT XXX.

Lorsque Junon sans repos et sans frein
   Dans des accès de fureur redoublée
Poursuivait Sémélé sur tout le sang thébain ,
La raison d'Athamas fut tellement troublée
Qu'apercevant Io qui portait leurs deux fils :

— Tendons bien les filets, disait-il à grands cris,
Qu'avec ses lionceaux je prenne la lionne. —

Puis , étendant ses mains que la rage aiguillonne
Il saisit Léarco son fils , le balança
   Et contre un rocher le lança.
  Io , pour lui ravir une seconde proie
   Avec Mélicerte se noie.
Du faîte des grandeurs quand le sort renversa
Et l'antique royaume et le vieux roi de Troie ,

Hécube malheureuse et triste et dans les fers,
    Ayant vu mourir Polyxène,
Et trouvé Polydore, hélas! aux bords des mers,
    Succombant enfin à sa peine,
De ses cris forcenés épouvante les airs :
Elle aboie, elle hurle et n'est déjà plus femme,
    Tant la douleur bouleverse son âme!
Mais les fureurs d'Hécube et du roi des Thébains,
Celles des animaux et celles des humains
Aux fureurs que je vis ne sont pas comparables.
    Deux esprits tout pâles et nus
Se ruaient les mordant sur les premiers venus,
    Comme des porcs lâchés de leurs étables.
L'un d'eux joint Capocchio, le frappe sur le cou,
    Le tire, et lui fait de son ventre
    Gratter le sol pierreux de l'antre!
L'Arétin tremble, et dit.

               — Gianni Schicchi le fou
    Dans sa rage ainsi nous déchire. —

De l'autre puisses-tu fuir l'effroyable dent,
Dis-je à Griffolino! Hâte-toi cependant
De m'apprendre son nom avant qu'il se retire.

    Il répondit :

               — C'est l'antique Myrrha,
    Ombre couverte d'infamie
Qui hors d'un juste amour qu'elle dénatura,
    De son père devint l'amie.
    L'autre qui s'en va consentit,
Pour gagner du haras la plus belle cavale,
A tester sous le nom de Buoso Donati :

Ce testament reçut une forme légale. —

Quand les deux enragés eurent quitté ces lieux,
    Sur d'autres je jetai les yeux.
Otez le double appui qui porte un ventre énorme
    Et l'un du luth aura la forme :
La lourde hydropisie en lui changeant le corps
Par l'eau mal digérée en masse réunie
De ses membres entre eux a détruit l'harmonie,
Le ventre et le visage ont perdu leurs rapports :
Sa bouche est grande-ouverte ; ainsi lorsque la fièvre
De la soif au malade imprime le tourment,
On voit, se séparant dans un long bâillement,
Pendre, se relever et l'une et l'autre lèvre.

— O vous (par quel moyen ?) qui pouvez sans souffrir
    Demeurer dans ce triste gouffre,
Regardez, nous dit-il, ce que maître Adam souffre.
J'eus tout en abondance avant que de mourir ;
    Mais une goutte de rosée
A ma soif maintenant hélas ! est refusée.
    Toujours le limpide ruisseau,
Qui du vert Casentin s'écoule dans l'Arno,
Baignant sa double rive et si molle et si fraîche,
    Devant mes yeux coule limpide et frais :
Nouveau tourment ; sa vue encor plus me dessèche
Que le mal dévorant qui me creuse les traits ;
    Ainsi la sévère justice
    Sait ajouter à mon supplice.
Des lieux où je péchai me montrant les plaisirs
Elle entretient en moi d'inutiles désirs.
Là s'élève Romène où mon art d'alchimiste

Battit fausse monnaie au coin de Jean-Baptiste ;
    Voilà pourquoi l'on me brûla.
Afin de voir ici partager ma misère
        Alexandre ou Guide ou leur frère,
Ah ! je donnerais bien les sources de Branda.
S'ils ne m'abusent pas d'une nouvelle fausse
Les esprits furieux qui courent éperdus,
        L'un des trois gémit dans la fosse ;
Mais que m'importe, hélas ! mes membres sont perclus.
Si devenu moins gros je devenais plus leste
Et pouvais avancer d'une ligne en cent ans ,
Le demandant partout aux impurs habitants ,
Je parcourrais déjà cette route funeste ;
D'un demi-mille au moins est pourtant sa largeur
        Et d'onze milles sa longueur !
Si je suis à jamais dans un tel voisinage ,
    C'est que séduit par leurs conseils affreux
J'ai mis dans mes florins trois carats d'alliage.—

Côte à côte gisants quels sont ces malheureux ?

Et deux ombres étaient à droite désignées
    D'où s'exhalaient de fumantes vapeurs,
Comme il en sort des mains durant l'hiver baignées.

—Quand je tombai, dit-il, en ce gouffre d'horreurs
    Je les trouvai dans la même posture,
        Nul depuis ne les vit bouger
Et je ne pense pas qu'ils en doivent changer.
L'une est du pur Joseph l'accusatrice impure,
L'autre est le Grec Troyen Sinon , fourbe endurci ;
La fièvre aux dards aigus les fait fumer ainsi.—

Or Sinon , que ce dédain pique
Frappe du poing les flancs de l'hydropique ,
Et le ventre tendu sonne comme un tambour.
D'une aussi dure main maître Adam à son tour
Le soufflette et lui dit :

— La justice céleste
M'engourdit tout le corps, mais j'ai la main fort leste.—

—Lorsque , reprit Sinon , le feu mordit tes reins,
Tu n'avais pas le bras si preste.....
Mais plus agile encor quand tu fis les florins.—

— Tu dis enfin une parole vraie!
Quand Priam fit appel à ta sincérité
Tu ne dis pas si bien la vérité. —

—Faux était mon langage et fausse ta monnaie ;
Je souffre pour un crime, et toi, reprend Sinon ,
Pour plus que n'en commit aucun autre démon. —

—Songe au cheval, que ton parjure
Connu de tout le monde ajoute à ta torture. —

—Et que ta soif, répond le Grec,
Te fasse bien tirer ta grosse langue à sec :
Que de puantes eaux ta bedaine infectée
Couvre en s'élargissant ta vue interceptée. —

— Voilà bien, à son tour, dit le faux monnayeur,
De tes traits acérés l'ordinaire malice :
J'ai soif et suis enflé, mais toi, fourbe railleur,
Ton corps fume brûlant, ta tête est au supplice :
Faudrait-il te presser beaucoup, grand aboyeur,
Pour te faire lécher le miroir de Narcisse ? —

J'écoutais attentif.

« Tu ne crains pas, je voi,
Dit mon maître, qu'ici je me fâche avec toi ? »

Alors que j'entendis mon guide tutélaire
  Me gourmander d'un ton plein de colère,
La honte sur le front, je me tournai vers lui :
  J'en suis encor tout confus aujourd'hui.
    Quand à quelques périls on songe,
    Même en rêvant on espère rêver
Et ce rêve, on voudrait qu'il ne fût qu'un mensonge ;
Devant mon maître ainsi, ne pouvant retrouver
Un mot pour m'excuser et désirant bien l'être,
    Je m'excusais sans le savoir.

« Serais-tu plus coupable encor, reprit mon maître,
On te pardonnerait pour un tel désespoir ;
Plus de tristesse donc. Si des âmes entre elles
Te rendaient le témoin de semblables querelles,
Souviens-toi que toujours je suis là, pense à moi :
Cet ignoble spectacle est indigne de toi. »

CHANT XXXI.

Neuvième cercle où sont punis les fraudeurs qui abusent de la confiance. — Des géants entourent le puits infernal. — Nembrod, Ephialte, Antée.

Cette langue dont la morsure
Avait rougi mes traits comme de sang couverts
 Sut guérir sa propre blessure ;
 Douée ainsi d'avantages divers
La lance, nous dit-on, d'Achille et de Pélée
 Blessait, guérissait tour à tour.
Quittant des dix fossés l'enceinte désolée
Nous traversons muets le bord qui fait le tour.
Moins sombre que la nuit, plus sombre que le jour
A quelque pas de nous la route était voilée ;
 Mais les sons éclatants d'un cor
Capables de couvrir jusqu'au bruit le plus fort
 Droit devant eux percèrent l'étendue,
Et sur un même point concentrèrent ma vue.

Quand du triomphe saint l'espoir s'anéantit,
   Dans sa détresse appelant Charlemagne
Le clairon de Roland de montagne en montagne
   Moins horriblement retentit.
Avançant l'œil levé, de hautes tours sans nombre
   Apparaissent à mes regards.

   Quels sont donc ces nouveaux remparts ?
Demandai-je à mon guide.

          « Au loin dans cet air sombre
Tu laisses égarer ton esprit et tes yeux :
   Quand tu seras arrivé dans ces lieux
Tu verras quelle erreur cause ici la distance,
Hâte-toi. »

   Me prenant doucement par la main :

« Avant d'aller plus loin, dit-il, dans ce chemin,
Sache-le, car le fait confond l'intelligence,
Ce ne sont pas des tours, mon fils, mais des géants :
   Des pieds jusques à la ceinture
   Plantés près des gouffres béants
   Du puits ils bordent l'ouverture. »

Quand un nuage obscur se dissipe dans l'air,
Le regard par degrés à l'horizon plus clair
Distingue les objets que voilait le nuage ;
De la margelle ainsi m'approchant davantage,
   Je perce l'épaisse vapeur.
   L'erreur fuit, arrive la peur.
   Tel Montéreggion se couronne
   D'un grand cercle de hautes tours,

Des géants à mi-corps tel le puits s'environne
Et Jupiter tonnant les menace toujours.
De l'un d'eux je voyais déjà la face altière,
   Sa double épaule et sa poitrine entière,
Une part de son ventre et ses deux bras pendants.
La nature a bien fait dans ses conseils prudents
Quand, cessant de créer ces machines de guerre,
De pareils animaux elle a purgé la terre :
      Et quoiqu'elle demeure encor
   En éléphants, en baleines féconde,
Le sage, néanmoins, reconnaît sans effort
   Sa providence équitable et profonde ;
Contre la force unie à la méchanceté
Exécutant leur plan savamment médité,
   Rien ne saurait protéger l'homme.
La tête du géant offre aux yeux stupéfaits
      La boule de Saint-Pierre à Rome,
Dans ces proportions tous les membres sont faits.
Il est enseveli jusques à la ceinture
      Au fond de ces bords détestés,
   Et cependant l'un sur l'autre montés
Trois Frisons ne pourraient toucher sa chevelure :
      Des flancs au point où s'agrafe un manteau
      On voyait trente grandes palmes.
Il s'écria : *Rafel Maiamech Zabialmes.*
C'est là son plus doux hymne et mon maître aussitôt
      Vers lui levant les yeux :

                                        « Ombre imbécile,
Si quelque passion vient échauffer ta bile,
Pour soulager ta peine au moins sonne du cor ;
Un lien à ton cou l'attache, cherche encor,

Sur ta poitrine il pend, ombre confuse. »

Puis Virgile me dit :

« Vois lui-même il s'accuse :
C'est Nembrod, sa superbe et sotte passion
Dans le langage humain mit la confusion.
Laissons-le là debout sans parler davantage ,
Au langage d'autrui le géant n'entend rien
Et l'on ne comprend pas le sien ;
Poursuivons donc notre voyage. »

Aussi loin de Nembrod que peut porter un trait
Sur la gauche nous apparaît
Un géant plus grand , plus terrible.
Je ne sais qui dans cet endroit
Put le garrotter, mais une chaîne invincible
Sur ses reins fixe son bras droit
Et le gauche sur sa poitrine ;
De l'épaule à ses flancs restés à découvert
Elle l'étreint cinq fois de ses cercles de fer.

« Superbe et méprisant la puissance divine
Il osa, dit le maître, attaquer Jupiter;
Il a mérité sa ruine.
Éphialte est le nom qu'illustra l'orgueilleux
Quand les géants firent trembler les dieux.
Ses deux bras au combat si vainement habiles,
Enchaînés, resteront à jamais immobiles. »

S'il était permis, je voudrais ,
Dis-je au maître , de Briarée
Voir par mes yeux l'ombre démesurée.

Il répondit :

« Antée est ici près,
Nul lien ne l'attache, il peut se faire entendre,
Tout au fond de l'abîme il nous fera descendre,
    Tu le verras; quant à l'autre damné,
Plus loin comme Éphialte il rugit enchaîné :
Son aspect seulement est encor plus terrible. »

    La tour qu'un tremblement horrible
    Démolit en la secouant
Fait un bruit moins affreux que ne fit le géant.
La frayeur me saisit, je crus ma fin prochaine
Et j'allais défaillir quand j'aperçus sa chaîne.
    Nous marchons, Antée à nos yeux
Présente hors du puits dix brasses sans la tête.
    Près de lui mon guide s'arrête
    Et dit :

    « Dans ces fortunés lieux,
Où Scipion s'acquit une éternelle gloire
Quand Annibal s'enfuit avec ses bataillons,
O toi qui sus dompter plus de mille lions,
Qui des géants peut-être assurais la victoire
    Si ton bras les eût défendus,
Ne nous refuse pas : que par toi descendus
Où l'onde du Cocyte est en glace durcie,
Nous n'ayons à chercher ni Typhon ni Tithye.
Ce qu'ici l'on désire, il peut te le donner.
Ne tords pas tant la bouche et songe à t'incliner ;
Ton nom peut lui devoir une splendeur nouvelle,
Car il vit : de ses jours long sera le chemin,
A moins qu'avant le temps la grâce ne l'appelle. »

Il dit, le monstre en hâte étend sur lui la main
Qui jadis étreignit si fortement Alcide.
Et se sentant serré :
     « Viens là, me dit mon guide,
  Que de mon fils je porte le fardeau. »

Il me prit et tous deux nous n'étions qu'un faisceau.
Vers la Carisenda lorsque passe la nue,
Si sur le côté bas l'œil ose s'attacher,
La tour semble sur vous par degrés se pencher ;
Tel sur moi le géant s'inclinait à ma vue.
Qu'il m'eût été plus doux de descendre autrement !
Au fond où Lucifer et Judas sont sans trêve
  Il nous pose légèrement,
 Et sans tarder comme un mât se relève.

CHANT XXXII.

Le neuvième cercle se compose de quatre sphères. —Lac glacé. — La
première sphère qui tire son nom du premier fratricide est *Caïne*,
où gèlent les traîtres à leurs parents. — Dans la seconde,
nommée Anténora, souffrent les traîtres à la patrie. — Ugolin.

⬛◇⬛

Si mes accents avaient cette rauque âpreté
Qui conviendrait si bien au triste précipice
  Sur qui tout l'enfer est porté,
  Mon sujet serait mieux traité ;
  Mais n'ayant point cet art propice ,
Je tremble du devoir qu'il faut que j'accomplisse.
Ah ! décrire le puits, centre de l'univers,
N'est pas discours d'enfant, œuvre dont on se raille !
Vous qu'Amphion de Thèbe élevant la muraille
Invoqua, chastes sœurs , accordez à mes vers
De peindre des tableaux vrais comme la nature.
Coupables habitants de ces antres maudits
Dont on espère à peine esquisser la peinture ,
Oh ! mieux vaudrait pour vous être chèvre ou brebis.

Tout au fond de l'enceinte obscure
Sous les pieds du géant mais plus bas, mon regard
Restait encor fixé sur l'étrange rempart.

— Fais donc attention, que tes pieds téméraires
N'écrasent plus le front de deux malheureux frères.—

Ainsi me parlait une voix.
Je me retourne et sous mes pieds je vois,
S'étendant au loin dans l'espace,
Un lac gelé, solide, uni comme une glace.
Jamais pareil manteau n'enveloppa, l'hiver,
Le Danube allemand ni plus au nord l'Ister.
La Piana, Tabernick y tomberaient en masse
Sans faire craquer sa surface !
Comme le peuple coassant
Tient la tête hors de la mare,
Lorsque la villageoise à glaner se prépare:
Des coupables ainsi le peuple gémissant
N'élève sur le lac qu'une tête livide :
Le bruit que de leurs dents forme le choc pressé
Rappelle la cigogne à la note rapide :
Vers la glace ils ont tous le visage baissé :
On sent le froid grelotter dans leur bouche
Et pleurer dans leurs yeux le remords qui les touche.
J'examinais de toutes parts,
Lorsqu'à mes pieds s'arrêtant mes regards,
J'en vois deux que le lac rassemble
Au point que leurs cheveux s'étaient gelés ensemble.

Vous qui sein contre sein restez ainsi liés,
Apprenez-moi donc qui vous êtes ?

Alors pliant le cou pour redresser leurs têtes
Ils regardent : les pleurs dont leurs yeux sont mouillés
Dégouttent sur leur bouche et par le froid se prennent
 Et l'un à l'autre les enchaînent :
Le crampon bien moins fort joint deux pièces de bois.
 Par la fureur transportés je les vois
Cosser entre eux, les boucs ont des luttes pareilles.
Un, qui de froid avait perdu les deux oreilles ,
 A la glace attachant ses yeux , Me dit :

 — Sur nous pourquoi tes regards curieux ?
Ces deux-là, fils d'Albert, tirent leur origine ,
Ainsi que lui , des lieux d'où Bisenzio descend :
Frères du même lit ils eurent même sang ;
 Tu chercherais vainement dans Caïne
Ombres plus dignes qu'eux d'être en ce lac glacé ,
Non pas même celui par Arthur transpercé
 Dont un seul coup fit le cœur diaphane,
 Ni Focaccia, ni cet autre profane
  Dont le front devant moi placé
  M'intercepte au loin toute vue :
Son histoire, ô Toscan , doit t'être bien connue ,
 On le nommait Sassol Maschéroni.
Pour que rien à m'entendre ici ne te retienne ,
 J'eus nom Camicion de Pazzi ,
J'attends Carlin , sa vie excusera la mienne. —

 Je vis ensuite mille esprits
Devenus par le froid livides et meurtris ;
Pour la glace depuis mon horreur est extrême
Et cette horreur toujours demeurera la même.
Nous marchions vers le centre, où par sa gravité

Tout ce qui pèse est emporté.
Je tremblais dans ces lieux à jamais froids et sombres.
Par quelle volonté, quel hasard, quel destin,
Je ne sais ; mais suivant le ténébreux chemin
　　Au travers de ces têtes d'ombres,
Je heurtai par hasard un visage en passant ;
Et ce mort aussitôt s'écria gémissant :

— Si, de Mont-Aperti tu n'accrois la vengeance,
Pourquoi ton pied vient-il augmenter ma souffrance? —

　O, dis-je alors, daigne m'attendre ici ;
Que le doute en mon cœur que ce damné fait naître
　　Par moi d'abord soit éclairci,
Puis nous nous hâterons à ton gré, mon bon maître.

Le guide s'arrêtant, moi je dis à celui
　　Qui toujours s'emporte et blasphème :

Toi qui si durement réprimandes autrui,
　　Quel es-tu donc ?

　　　　　　　— Et quel es-tu, toi-même,
Qui dans Antenora d'un pied si forcené
Frappes ainsi, dit-il, la face d'un damné ?
Les vivants donneraient de pareils coups à peine. —

— Je suis vivant, repris-je, et si tu désirais
Qu'on rappelât ton nom à la mémoire humaine,
Avec mille autres noms je le conserverais. —

Il répond :

　　　— Le contraire est ce que je désire,

Va-t-en , n'ajoute pas à mon cruel martyre :
Tu voudrais me jouer ; mais tu manques ton coup.—

    Alors le prenant par le cou
Je dis :

        Ton nom , ton nom ou j'arrache sur l'heure
Tous tes cheveux , si bien que pas un ne demeure.

— Allons , me répond-il , arrache mes cheveux ,
Ecrase sous tes pieds ma tête , si tu veux ;
Mais je te cacherai mon nom et ma figure. —

Par touffes dans mes mains venait sa chevelure ,
Il hurlait , mais tenait son visage baissé.

— Eh ! qu'as-tu donc , Bocca ? crie un autre glacé ;
    Qu'as-tu ? quel diable te corrige ?
N'étaient-ce point assez de tes grelottements
    Sans y joindre ces aboiements ? —

Ah ! tais-toi maintenant , maudit traître , repris-je ;
Le vrai sera connu , ta honte on la saura.

— Eh bien ! me répond-il , dis ce qu'il te plaira :
    Et si de la glace où nous sommes
    Tu retournes parmi les hommes ,
Dis-leur que cet esprit bavard avec excès
Pleure ici tout l'argent qu'il reçut des Français.
    Mes yeux ont vu , je veux que tu l'affirmes ,
Dans la glace enfermé ce Buoso da Duera.
Si l'on te demandait le nom d'autres victimes ,
    De ce côté gèle Beccaria
    Que fit décapiter Florence ;

Et plus loin sont, je crois, Jean de Soldaniero
     Ganellone, Tribadello
Qui dans la nuit ouvrit les portes de Faënce. —

    Il se tait et nous avançons.
J'en vois deux que resserre un cachot de glaçons,
Une tête pour l'autre est comme une coiffure :
Ainsi que l'affamé mange un morceau de pain,
De même un des pécheurs, en maître souverain,
Sur la tête en dessous d'une longue morsure
    Applique ses dents, à ce point
    Où la nuque au cerveau se joint,
    Dévorant le crâne et le reste.
    Tidée en son courroux funeste
De Ménalippe ainsi rongea le front broyé.

    Comme une brute sans pitié,
Toi qui montres, lui dis-je, à des signes étranges,
    Ta haine à celui que tu manges,
    Qui donc êtes-vous ? Qu'a-t-il fait ?
    Que si la peine est en effet
    Proportionnée à l'offense,
Je dirai dans le monde, où reviendront mes pas,
    Et ton injure et ta vengeance,
    Si ma langue ne sèche pas.

CHANT XXXIII.

Ugolin raconte sa mort et celle de ses enfants dans la tour de la
Faim. — Vengeance qu'il exerce sur l'archevêque Ruggiéri. —
Troisième sphère nommée Ptoloméc, où sont punis les traîtres
envers leurs hôtes. — Frère Albéric.

Du repas de brute affamée
Il soulève sa bouche et l'essuie aux cheveux
De la tête qu'il a par derrière entamée ;
    Puis il me parle ainsi ;

            — Tu veux....
    Tu veux donc que je renouvelle
    La désespérante douleur
Dont la pensée, avant que je te la rappelle,
    Suffit pour m'oppresser le cœur ?
    Mais si ma parole doit être
    Germe d'opprobre pour ce traître,
Tu verras à la fois et parler et pleurer.
    Quel est ton nom ? Si bas dans la souffrance
    Comment as-tu pu pénétrer ?

Je l'ignore, à l'accent je te crois de Florence.
Tu dois voir que je fus le comte Ugolin, lui
  Est l'archevêque Ruggiéri.
  Et maintenant tu vas comprendre
  Pourquoi je suis un tel voisin.
  Sur la terre on a dû t'apprendre
 Que par l'effet de son mauvais dessein,
Me confiant en lui, je me laissai surprendre,
  Et qu'ensuite je mourus..... Mais
  Ce que l'on ne t'apprit jamais,
  C'est comme ma mort fut cruelle ;
Écoute et tu sauras s'il m'a bien offensé.
  Le soupirail de la tour qu'on appelle
  Tour de la Faim, titre par moi laissé,
(D'autres devront encore en subir la clôture !)
  Le soupirail de cette tour
M'avait déjà montré par l'étroite ouverture
  De plusieurs lunes le retour :
D'un songe que je fis le funeste présage
De l'avenir pour moi déchira le nuage.
Seigneur et maître, lui, de coteaux en coteaux
  Chassait un loup avec ses louveteaux,
 Vers le mont par lequel Lucque à Pise est cachée ;
  Et les Gualands, les Sismonds, les Lanfrancs
Le précédaient, poussant une meute dressée
  De chiens maigres et dévorants.
Le père et les fils las durent bientôt se rendre,
Et sous les crocs aigus je vis leurs flancs se fendre.
  Debout bien avant le matin
 J'entends mes fils, qui sont avec leur père,
Pleurer dans le sommeil et demander du pain !
A ce qui pour mon cœur s'annonce de misère

Le tien, s'il n'est cruel, doit déjà se serrer,
Si tu ne pleures pas de quoi peux-tu pleurer?
Ils s'étaient tous levés, et l'heure, où l'on apporte
    Notre nourriture, approchait;
De son rêve chacun préoccupé doutait.
J'entendis en dessous fermer l'horrible porte.....
Je regardai mes fils, sans prononcer un mot
   Et sans pleurer; mon cœur était de pierre.
   Ils pleuraient eux : mon petit Anselmo
Me dit :

    « A regarder ainsi qu'as-tu, mon père ? »

Moi je ne pleurai point et ne répondis pas
   Ni tout ce jour ni la nuit; mais hélas !
Lorsqu'un autre soleil, éclairant nos rivages
    Et jetant un faible rayon
    Dans la douloureuse prison,
J'eus vu mon propre aspect sur les quatre visages,
   Je me mordis les deux mains de douleur :
    Et mes compagnons de malheur,
    Ne doutant pas que je le fisse
Par besoin de manger, soudain se lèvent tous,
Disant :

    « Moins douloureux sera notre supplice,
   » Père, si tu manges de nous;
 » Ces misérables chairs, tu nous les as données,
   » Reprends-nous-les. »

       Je m'apaise à ces mots
   Pour ne pas augmenter leurs maux :
Et nous restons tous, une, deux journées
Immobiles, muets. Ah ! pourquoi sous nos pas

Ne point t'ouvrir, impitoyable terre !
Gaddo roide à mes pieds se jette et dit :

                          « Mon père,
  » Père, et que tu ne m'aides pas !»

Des jours du désespoir c'était le quatrième,
  Il y mourut : et comme tu me vois ,
Je les ai vus tomber un-à-un tous les trois,
    Du cinquième jour au sixième.
Aveugle , je rampai de l'un à l'autre corps ,
Trois jours les appelant après qu'ils furent morts.
Puis plus que la douleur, la faim fut secourable. —

Il dit et l'œil hagard , au crâne misérable
Il se reprend, l'os sous ses dents craquait,
    On eût dit qu'un chien le rongeait.

    Des beaux lieux où le *si* résonne ,
    Ah ! Pise, éternel déshonneur,
Puisque tous tes voisins mettent tant de lenteur
  A te punir, que Capraïa, Gorgone
Marchent, bouchent l'Arno : que ses flots renvoyés
Débordent dans tes murs sur tes peuples noyés.
Quand même d'Ugolin les ruses infidèles
    Auraient livré les citadelles ,
    Il ne t'eût pas été permis
    A sa croix d'attacher ses fils.
Uguccion, Brigata , les deux autres victimes
    Dont les noms vivent dans mes rimes,
    Par leur âge , pauvres enfants,
  Nouvelle Thèbe, ils étaient innocents.

Plus loin nous rencontrons plus fortement pressées

Les nations aux têtes renversées ;
Leurs pleurs mêmes, leurs pleurs ne se répandent pas :
S'amoncelant aux yeux sans trouver de passage
Ils retombent, formant en dedans un amas
        Qui les étouffe davantage.
        Par un changement merveilleux
        De ces morts les larmes premières
Devenant des cristaux en forme de visières,
Remplissent sous les cils la cavité des yeux.
        Cette épouvantable froidure
    M'avait durci tellement la figure
Que j'en avais perdu la sensibilité ;
Un vent sembla pourtant en réveiller l'usage.

        D'où vient ce souffle, dis-je au sage,
        Quelque brouillard si bas est-il resté ?

        « Bientôt, me répondit le maître,
        Par tes yeux tu pourras connaître
La cause de ce vent. »

                        Et l'un des criminels
        Qui gèlent sous la froide croûte,
Nous cria :

                —Vous, esprits, qui fûtes si cruels
Qu'on vous plonge au plus bas de l'infernale voûte,
Otez les durs glaçons dont mes yeux sont voilés,
        Pour que la douleur qui m'oppresse
Sorte, avant que mes pleurs soient de nouveau gelés.—

        Je réponds :

                Pour que je m'empresse

A te donner le secours que tu veux ,
  Dis-moi qui tu fus sur la terre.
  Si je ne délivre tes yeux
  Que j'aille au fond de la glacière.

—Je suis frère Albéric , l'hôte aux fruits odieux ,
L'homme au jardin maudit ; je reçois en salaire
  Dattes pour figues dans ces lieux.

Oh ! lui dis-je, la mort est-elle ton partage ?

Je ne sais, répond-il, ce que devient mon corps ;
  Car Ptolomée a l'avantage
Que l'âme bien souvent tombe parmi les morts ,
Même avant qu'Atropos ait terminé sa trame.
Pour que plus promptement tes efforts employés
Détachent de mes yeux ces pleurs vitrifiés ,
  Sache qu'au même instant qu'une âme
Comme moi s'abandonne à quelque trahison ,
  Son corps est pris par un démon :
Jusqu'au terme fatal c'est lui qui le gouverne
Et l'âme tombe au fond de la froide citerne.
De l'ombre qui grelotte ici derrière moi
Dans le monde le corps semble vivre peut-être ?
Arrivant de là-haut tu dois le savoir, toi ;
Branca Doria de Gêne est le nom de ce traître :
  Captif il subit notre sort
  Déjà depuis plusieurs années. —

Tu mens , Branca Doria, repris-je , n'est pas mort ;
Comme tous il s'habille et mange et boit et dort.

  Il répondit :

      —Avant que les griffes damnées

Eussent reçu Zanché dans le fossé gluant
   Tout plein de bitume bouillant,
  Son âme était tombée en cette glace,
Laissant son corps qu'un diable animait à sa place.
   Complice de sa trahison
Un parent fut traité de la même façon.
   Désormais que ta main s'étende
  Et me débarrasse les yeux. —

  Je refusai ; c'était le servir mieux
  Que de ne point souscrire à sa demande.

Gênois, étrange race, ah! peuple vicieux,
  D'une immoralité profonde,
Comment n'êtes-vous pas exterminés du monde ?
Auprès d'un Romagnol, et le plus odieux,
L'âme de l'un de vous dans le Cocyte gèle,
Et sur terre son corps semble vivre par elle !

CHANT XXXIV.

Dernière sphère où sont emprisonnés les traîtres envers leurs bien-faiteurs. — Cette sphère porte le nom de Judas. — Lucifer. — Virgile donne une singulière explication de la manière dont s'est formé l'Enfer. — Les deux poëtes sortent et revoient les étoiles.

« *Vexilla regis prodeunt inferni*[1]
Vers nous ; distingues-tu , regarde , dit le sage ? »

De loin, quand l'horizon par l'ombre est rembruni
    Ou voilé d'un épais nuage ,
Tel paraît un moulin que le vent fait mouvoir,
Tel est l'objet qu'alors je crois apercevoir.
    Pour échapper au vent rapide
    Je courus derrière mon guide

---

[1] Nous n'avons pas cru devoir changer cette bizarrerie. Ce vers latin signifie : *Les étendards du roi infernal s'avancent.*

C'était le seul abri : là , c'est avec effroi
        Que mon poëme le retrace ,
Là les morts sont cachés tout entiers dans la glace ,
        A travers laquelle on les voit
        Comme des fétus dans le verre :
Les uns sont étendus , les autres au contraire
        Se tiennent droits sur la tête ou les pieds ,
Et d'autres rapprochant leurs pieds et leur visage
        Ainsi qu'un arc gèlent en deux pliés.
Quand nous sommes venus à ce point où le sage
Veut montrer à mes yeux l'ange précipité ,
        Créature jadis si belle ,
        Il se retire et m'ayant arrêté
        Me dit :

              « Voilà , voilà Dité ;
        Il faut t'armer d'une force nouvelle. »

N'exige pas , lecteur, que je le peigne ici
Comme je fus alors interdit et transi ,
        Nul langage ne peut le rendre ;
        Je n'étais ni vivant ni mort.
Si ton front du génie enferme le trésor ,
        Cherche par toi-même à comprendre
        Dans quel état je me trouvai,
Ensemble de la vie et de la mort privé.
L'empereur du royaume où règne la torture
Dans la glace est caché jusques à la ceinture :
J'égalerais plutôt la taille d'un géant
Qu'un géant de ses bras n'atteindrait la mesure ;
Par la longueur du bras établis sa stature
        Et juge combien il est grand :
A la beauté qu'il eut sa laideur est pareille,

Comme il leva vers Dieu son front avec orgueil,
C'est de lui justement que procède tout deuil.
   Oh ! pour mes yeux quelle grande merveille !
Trois visages divers forment son chef hideux !
     Le premier de couleur vermeille
    S'offre en avant, unit les autres deux
      Que sur chaque épaule a la bête :
      Les trois n'ont qu'un dessus de tête.
La face droite tient et du jaune et du blanc,
Et la gauche a le teint que l'Africain brûlant
Nous montre près du fleuve aux mobiles rivages.
    Proportionnée à l'oiseau.
  Une double aile est sous les trois visages,
Telles voiles jamais n'ornèrent un vaisseau ;
   Sans plumes sont les ailes effroyables
Et les chauves-souris en portent de semblables.
     Trois vents précurseurs des glaçons
      Naissent des ailes qu'il agite
      Et vont geler tout le Cocyte :
De ses six yeux il pleure et sur ses trois mentons
Dégoutte avec ses pleurs une bave sanglante.
Chaque bouche en ses dents rompt une ombre dolente
     Comme le brisoir d'un moulin
     Qui broie une tige de lin.
Trois pécheurs à la fois subissent ces tortures ;
Mais l'ombre du milieu souffre moins des morsures
     Que des griffes de Lucifer,
Qui de toute sa peau lui dépouillent la chair.
Et Virgile me dit :

         « L'opprobre des apôtres
   Judas souffre plus que les autres :

Sa tête est broyée en dedans ,
Vois-le se démener de ses deux pieds pendants.
Des deux , la tête en bas , que le monstre dévore
Le damné que tu vois , déchiré par le Maure ,
Se tordre , sans pousser une plainte , est Brutus ;
Dans l'autre si membru reconnais Cassius.

Mais la nuit va bientôt renaître ,
Maintenant que l'enfer a passé sous nos yeux
    Il faut partir.»

               Alors , selon ses vœux ,
A son cou je me pends : le maître
Choisit le lieu propice et prenant le moment
Où les ailes assez s'ouvrirent étendues ,
     S'accrochant aux côtes velues ,
De flocons en flocons descend adroitement
Entre le poil épais et la glace encroutée.
A ce point où la cuisse à la hanche emboîtée
Tourne , mon guide avec angoisse , avec effort ,
Tout sens dessus dessous se renverse d'abord ,
S'accroche au poil , paraît gravir même avec peine...
Je crus que dans l'enfer nous remontions encor.
    Le maître las , tout hors d'haleine
Dit :

    « Tiens-toi bien , mon fils ; par de tels échelons
    De tant de maux il faut que nous sortions. »

Par le trou d'un rocher à la fin il s'élance
Et me met sur le bord où je pouvais m'asseoir ,
    Puis près de moi se place avec prudence.
     Je lève les yeux croyant voir
Les trois faces ainsi que je les ai laissées ;

Les jambes de Dité sont dans l'air renversées !
Que le peuple grossier qui n'imagine pas
    Le point qu'ont traversé nos pas
Juge de mon effroi.

        « Debout, me dit Virgile,
Marchons, la route est longue, difficile :
    Déjà le soleil de retour
A parcouru le huitième du jour. »

Le sentier par lequel il faut que l'on chemine
    N'est pas un chemin de palais ;
    Mais une gorge au sol mauvais,
    Une naturelle ravine
    Que le jour n'éclaira jamais.
Dès que je fus levé j'osai dire :

        O mon maître !
Avant que nous quittions cet abîme d'horreur
    Daigne pour me tirer d'erreur
    Me faire en peu de mots connaître
Où se trouve la glace, et comment Lucifer
    Se tient ainsi les pieds en l'air :
Et comment le soleil du couchant à l'aurore
A si vite passé.

        « Tu te crois donc encore,
Me répondit Virgile, au delà de ce lieu
Où je me pris au poil du ver rebelle à Dieu
Qui troue ainsi le monde ? Eh bien ! tu vas comprendre :
Nous étions au delà quand tu me vis descendre ;
    Mais lorsque je me retournai,
    Nous passâmes ce point ensemble

Où les êtres pesants que l'univers rassemble
Gravitent tous, chacun par son poids entraîné.
  Maintenant tu vois l'hémisphère
A l'opposé duquel s'étend la grande terre,
Où l'on a fait mourir sur la croix attaché
Cet homme qui naquit et vécut sans péché.
  Or tes pieds sont sur la petite sphère
Qui , de l'autre côté par la glace durci ,
  Reçut le nom de Judas qu'elle enserre.
Lorsque là c'est le soir , c'est le matin ici.
   Tel était , tel est ce rebelle
   Dont le poil nous servit d'échelle.
   Écoute, c'est de ce côté
Que des hauteurs du ciel il fut précipité ;
La terre s'écarta dans son horreur profonde ,
Sur elle comme un voile elle replia l'onde ,
Et vers notre hémisphère elle se retira ;
  Pour fuir le rebelle sans doute ,
Ne voulant pas remplir le creux de cette voûte ,
Se refermant plus haut elle s'amoncela. »

   Mesurez la grandeur du gouffre,
  De la tombe où Belzébut souffre
Et vous saurez combien s'étend de ce côté ,
  Loin de l'archange, une autre cavité.
   Je n'en ai pas vu la structure ,
Mais un petit ruisseau , qui serpente et descend
Sur un roc peu penché, que l'eau ronge en passant ,
Me révéla ce lieu par son faible murmure.
  Pour retourner au monde lumineux
Mon maître et moi prenons le chemin ténébreux :
  Je suis les pas du guide tutélaire ,

Sans nous reposer nous montons,
 Une ouverture circulaire
Nous rend le vaste aspect du beau ciel, nous sortons
 Et d'air pur inondé, sans voiles
 Notre œil revoit les brillantes étoiles.

FIN DE L'ENFER.

NOTES.

Antenora. Deuxième sphère du neuvième cercle où gèlent les traîtres à la patrie.

Barats. Ceux qui font échange de leurs femmes.

Caïne. Première sphère du neuvième cercle où sont punis les traîtres envers leurs proches.

Ciacco. Ce mot, dans le dialecte des environs de Florence, signifie *pourceau :* surnom donné à un gourmand que Dante avait connu.

Dité. Le poëte nomme ainsi les quatre derniers cercles ou bas enfer, la cité de feu et Lucifer lui-même.

Ethique. Traité de philosophie morale par Aristote.

Galléhaut. Personnage qui dans le roman sert les amours de Lancelot et de la reine Ginèvre. Passé dans la langue italienne, il équivaut presque à nos mots : *proxénète, entremetteur.*

Gardingo. Quartier des chefs gibelins à Florence.

Girasol. Pierre précieuse qui avait, croyait-on, le pouvoir de rendre invisible celui qui la portait.

Malébranché. Griffes maudites : nom donné par Dante aux démons gardiens du lac de poix.

Ptolomée. Troisième sphère du neuvième cercle où souffrent même avant leur mort les âmes des traîtres envers leurs hôtes.

TABLE.

FIN DE LA TABLE.

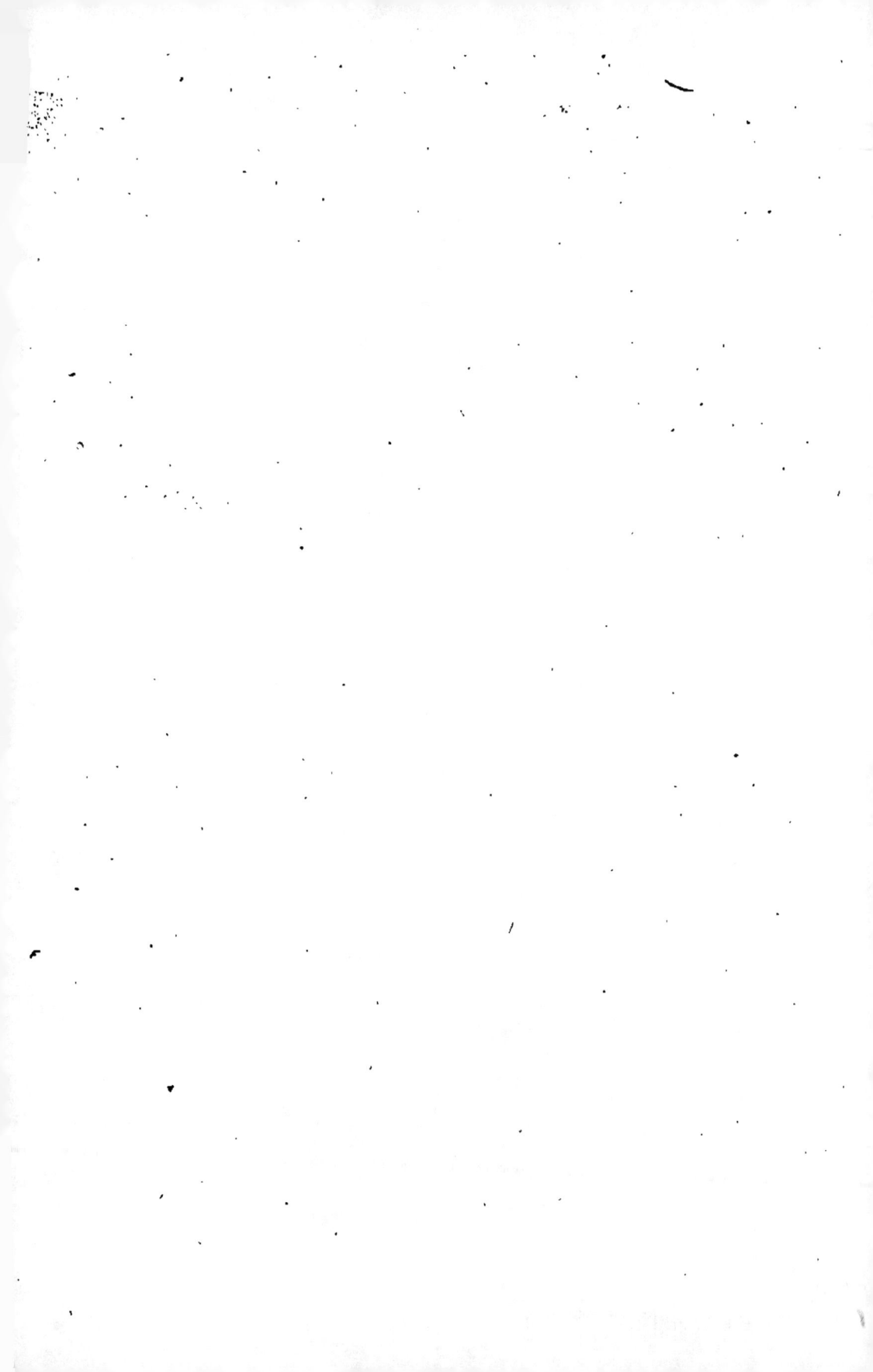

www.ingramcontent.com/pod-product-compliance
Lightning Source LLC
Chambersburg PA
CBHW070600100426
42744CB00006B/359